U0639834

网络文化建设和管理研究

陶爱萍 ◎ 著

吉林出版集团股份有限公司
全国百佳图书出版单位

图书在版编目（CIP）数据

网络文化建设和管理研究 / 陶爱萍著. -- 长春：吉林出版集团股份有限公司，2023.7

ISBN 978-7-5731-3887-3

Ⅰ．①网… Ⅱ．①陶… Ⅲ．①网络文化—建设—研究—中国 Ⅳ．①G122

中国国家版本馆CIP数据核字(2023)第133978号

WANGLUO WENHUA JIANSHE HE GUANLI YANJIU

网 络 文 化 建 设 和 管 理 研 究

著　　者　　陶爱萍

责任编辑　田　璐

封面设计　朱秋丽

出　　版　　吉林出版集团股份有限公司

发　　行　　吉林出版集团青少年书刊发行有限公司

地　　址　　长春市福祉大路 5788 号（130118）

电　　话　　0431-81629808

印　　刷　　北京昌联印刷有限公司

版　　次　　2023 年 7 月第 1 版

印　　次　　2023 年 7 月第 1 次印刷

开　　本　　787 mm×1092 mm　　1/16

印　　张　　10.75

字　　数　　229千字

书　　号　　ISBN 978-7-5731-3887-3

定　　价　　76.00元

前　　言

　　发展网络文化，是当今世界各国共同关注的重要课题。网络文化作为一种新的文化，影响着人类社会的文明发展进程。当前，网络社会的特征越来越显著，网络已成为思想文化、意识形态的重要阵地。加快网络文化建设，加强网络文化管理，促进中国特色网络文化发展，是顺应人民群众、建设社会主义先进文化的必然要求。

　　本书首先对网络文化做了总体概述，其次介绍了网络文化建设、网络监管平台建设、网络社会治理、网络安全管理、网络身份认证，最后对网络文化管理效能和健全网络文化建设及管理保障机制进行了探讨。本书可供相关领域的网络建设人员学习、参考。

　　本书撰写过程中借鉴了一些专家学者的研究成果和资料，在此特向他们表示感谢。由于撰写时间仓促，笔者水平有限，不足之处在所难免，恳请专家和广大读者提出宝贵意见，予以批评指正，以便改进。

目　　录

第一章 网络文化概述

第一节 网络的形成和发展

一、网络的概念

网络的英文名字叫 network，它是由若干节点和连接这些节点的链路组成的，网络中的节点可以是计算机、集线器、交换机或路由器。在数学上，网络是一种图，一般专指加权图。网络除了数学定义外，还有具体的物理含义，即网络是从某种相同类型的实际问题中抽象出来的模型。在计算机领域中，网络是信息传输、接收、共享的虚拟平台，通过它把各个点、面、体的信息联系到一起，从而实现这些资源的共享。在日常生活中，我们经常将网络、互联网、因特网混为一谈，这是不准确的。网络是指通过通信设备将多台计算机或者网络设备连起来构成一个网络，几台计算机可以构成网络，成千上万的计算机也可构成网络，网络可大可小；互联网是指网络与网络所串联成的庞大网络，在此基础上发展出覆盖全世界的全球性网络，它具有全球性；因特网是世界上最大的互联网络（用户数以亿计，互联的网络数以百万计）。换句话说，互联网又被称为"网络中的网络"，它是在网络的基础上发展起来的，而因特网则是互联网的一种。

我们知道，数字化、网络化和信息化是 21 世纪的一些重要特征。21 世纪是一个以网络为核心的信息时代，网络已经成为信息社会的命脉和发展知识经济的重要基础，对社会经济的发展及社会生活的方方面面产生了不可估量的影响；网络是人类发展史上最重要的发明，促进了科技和人类社会的发展。

二、网络的类型划分

关于网络类型的分类，从不同的角度可以有不同的划分。了解网络的类型及划分方法对于了解网络技术具有重要的意义。

（一）从传输媒介的角度划分

网络从传输媒介角度可以划分为有线网、光纤网和无线网。

有线网：采用同轴电缆和双绞线来连接的计算机网络。同轴电缆网是常见的一种联网方式，它比较经济、安装较为便利，但传输率和抗干扰能力一般，传输距离较短。双绞线网是目前最常见的联网方式。

光纤网：光纤网是有线网的一种，由于其特殊性而单独列出。光纤网采用光导纤维作为传输介质。光纤传输距离长、传输率高、抗干扰性强，不会受到电子监听设备的监听，是高安全性网络。

无线网：用电磁波作为载体来传输数据，因为联网方式灵活方便，所以备受大众的喜爱。

（二）从通信角度划分

网络从通信角度可划分为点对点式、广播式。

点对点式：数据以点到点的方式在计算机或通信设备中传输。星形网、环形网通常采用这种传输方式。

广播式：数据在共用介质中传输。无线网和总线型网络属于这种类型。

（三）从规模角度划分

网络从地理位置覆盖范围的角度可划分为局域网、城域网、广域网、个人网。

局域网（LAN）：一般限定在较小的区域内，处于10km以内的范围通常采用有线的方式连接起来。

城域网（MAN）：规模局限在一座城市的范围内，介于10~100km的区域。

广域网（WAN）：网络跨越国界、洲界，甚至全球范围。

个人网：个人局域网就是在个人工作的地方，把属于个人使用的电子设备（如便携电脑等）用无线技术连接起来的网络，因此也常称为无线个人局域网WPAN，其范围大约在10m以内。

（四）从拓扑结构角度划分

网络从拓扑结构角度可划分为星形网络、环形网络、总线型网络。

星形网络：各站点通过点到点的链路与中心站相连。其特点是很容易在网络中增加新的站点，数据的安全性和优先级容易控制，易实现网络监控，但中心节点的故障会引起整个网络瘫痪。

环形网络：各站点通过通信介质连成一个封闭的环形。环形网容易安装和监控，但容量有限，网络建成难以增加新的站点。

总线型网络：网络中所有的站点共享一条数据通道。总线型网络安装简单方便，需要铺设的电缆最短、成本低，某个站点出现的故障一般不会影响整个网络，但介质的故障会导致网络瘫痪，总线网安全性低、监控比较困难，增加新站点也不如星形网容易。

（五）从网络使用目的角度划分

网络从其使用目的角度可以划分为共享资源、数据处理网、数据传输网。

共享资源：使用者可共享网络中的各种资源，如文件、扫描仪、绘图仪、打印机以及各种服务。internet 是典型的共享资源网。

数据处理网：用于处理数据的网络，如科学计算网络、企业经营管理网络。

数据传输网：用来收集、交换、传输数据的网络，如情报检索网络等。

（六）从网络服务的角度划分

网络从其服务的角度可划分为客户机/服务器网络、对等网。

客户机/服务器网络：服务器是指专门提供服务的高性能计算机或专用设备，客户机是用户计算机。这是客户机向服务器发出请求并获得服务的一种网络形式，多台客户机可以共享服务器提供的各种资源，这是最常用、最重要的一种网络类型。不仅适合于同类计算机联网，也适合于不同类型的计算机联网，如 PC 机（personal computer 个人计算机）、Mac 机的混合联网。这种网络安全性容易得到保证，计算机的权限、优先级易于控制，容易实现监控，网络管理能够规范化。网络性能在很大程度上取决于服务器的性能和客户机的数量，针对这类网络有很多优化性能的服务器称为专用服务器，银行、证券公司都采用这种类型的网络。

对等网：对等网不要求文件服务器，每台客户机都可以与其他客户机对话，共享彼此的信息资源和硬件资源，组网的计算机一般类型相同。这种网络方式灵活方便，但是较难实现集中管理与监控，安全性也低，较适合部门内部协同工作的小型网络。

三、从技术角度解读互联网的形成与发展阶段

任何事物的发展都要经历一个由简单到复杂、由低级到高级的发展过程。网络是电子计算机及其应用技术与通信技术逐渐发展、日益结合的产物，它的形成是从为简单地解决远程计算、信息收集与处理而形成远程联机系统开始的。随着科学技术的发展和服务的需要，计算机网络又在联机系统的基础上发展到把多台中心计算机相互联系起来，并从只是实现计算机之间相互传输数据的通信网络到实现以资源共享为目的

的计算机网络，标志着网络技术到达了成熟的高级阶段。总体来说，网络从专属应用到在生活中普及应用大致经历了四个重要的阶段，分别是面向终端的数据通信阶段、面向通信的分组交换网阶段、开放式标准化网络阶段和广泛应用与进一步发展阶段。

（一）20世纪60年代——面向终端的数据通信阶段

面向终端的计算机通信网络以单个计算机为中心的远程联机系统将彼此独立发展的计算机技术与通信技术结合起来，完成了数据通信技术与计算机通信网络的研究，为计算机网络的产生做好了技术准备，奠定了理论基础。此阶段计算机技术与通信技术相结合，形成了初级的计算机网络模型。这一阶段网络应用的主要目的是提供网络通信、保障网络连通，严格来说，仍然是多用户系统的变种。美国在1963年投入使用的飞机订票系统SABBRE-1就是这类系统的代表。其特点是：计算机是网络的中心和控制者，终端围绕中心计算机分布在各处，呈分层星型结构，各终端通过通信线路共享主机的硬件和软件资源，计算机的主要任务还是进行批处理，在20世纪60年代出现分时系统后，则具有了交互式处理和成批处理能力。

起初，使用计算机的用户只能亲自携带程序和数据，到机房用手工方式上机，或者委托机房工作人员代劳。对于这种工作方式，用户（尤其是远地用户）需在时间、精力和经济上付出较大的代价。到了20世纪60年代初期，由于计算机软件方面的发展，也由于电子计算机越来越广泛地在各个部门应用，迫切需要对分散在各地的数据进行集中处理，从而促使批量处理系统采用通信技术，产生了具有通信功能的单机系统。其基本思想就是在计算机上设置一个通信装置使其增加通信功能，将远程用户的输入输出装置通过通信线路（模拟的或数字的）直接与计算机的通信控制装置相连。这样，电子计算机一边从远地站点输入信息，一边处理信息。最后的处理结果也经过通信线路直接送回到远地的用户终端设备，计算机与通信的结合就这样开始了。从通信的角度，当时称这种远程联机系统为"数据通信系统"。数据通信系统较原先的本地系统不仅提高了计算机系统的工作效率和服务能力，而且大大促进了计算机技术和通信技术的发展和密切的结合。

终端设备与计算机之间连接的方式可以是多种形式的。最初的连接方法采用点—点式专线，每个终端都独占一条线路，形成一种辐射式星形结构，线路利用率很低。随着进一步采用先进的通信技术，又出现了多点或分枝连接方式，即允许多台终端共用一条或一段线路与主机相连。后来由于分时系统的发展，需要连接的终端数目越来越大，于是出现了利用现有的公用电信网（如电报网、电话网或数字数据网等）来实现终端与计算机之间传输信息的情况。并且由于连接的终端数目的增加，为了减轻主机的通信负担，计算机系统中附加了专用的、更加智能化的多路通信接口或通信控制装置。计算机系统从简单的联机系统逐渐发展成为更加复杂的联机系统，连接着更多的终端设备以适应需要，这种远程联机系统称为"面向终端"的计算机网络所采用的通信手段称为"数据通信系统"。为了完成集中器和前置处理机应具有的复杂的通信控制功能，通常都采用小型计算机或微型计算机来做成集中器和前置处理机 FEP。因此，这种联机系统已不再是终端与主机之间的直接线路连接关系，而是在它们中间经过了"计算机—计算机"之间通信的网络连接关系，但它仍然还是"面向终端"的计算机网络。这被人们称为第一代计算机网络。

（二）20 世纪 70 年代——面向通信的分组交换网阶段

20 世纪 60 年代末到 20 世纪 70 年代中期，在单主机联机网络基础上，完成了计算机网络体系结构与网络协议的研究，形成了初级计算机网络，又称为计算机到计算机的网络。计算机到计算机的网络是由若干个计算机互联组成的系统，呈现出多处理中心的特点，以美国的 APPANET 与分组交换技术为重要标志。APPANET 是计算机网络技术发展中的一个里程碑，它的研究成果对促进网络技术的发展起到了重要的作用，为 Internet 的形成奠定了基础。此阶段也称分组交换网阶段，分组交换网由通信子网和资源子网组成，以通信子网为中心，不仅可以共享通信子网的资源，还可共享资源子网的硬件和软件资源。网络的共享采用排队方式，即由节点的分组交换机负责分组的存储转发和路由选择，给两个进行通信的用户断续（或动态）分配传输带宽，大大提高通信线路的利用率，非常适合突发式的计算机数据。

面向终端的计算机网络在其应用与发展的过程中，随着被连入的主机和终端数目的不断增加，网络的覆盖面积不断扩大，结果通信安全问题表现得越来越突出。1964 年 8 月，欧洲 RAND 公司的保罗·巴伦（Paul·Baron）等人发表了一篇研究报告，为北大西洋公约组织提出了一个基于话音分片打包传输与交换的空军通信网络体制，目的在于提高话音通信网的安全和可靠性。这个网络的工作原理设想是：把送话人的话音信号分割成数字化的"小片"，各个小片封装成"包"。在网内的不同通路上独立地传输到目的节点站，最后从包中卸下"小片"装配成原来的话音信号送给受话人。这样，在除目的地之外的任何其他节点站所能窃听到的只是个别小片，不可能组装成一个完整的语句。另外，由于每个话音小片可以有多条通路到达目的节点站，因而网络具有抗破坏和抗故障能力。可惜这一设想在当时未能引起有关当局的重视，也有当时技术上的原因。1966 年英国国家物理实验室首次提出分组（packet，又译为"数据包"）的概念，与 Paul·Baron 研究报告的设想一致。第一个利用分组交换技术的是美国国防部的高级研究计划局（英文简称 AR-PA）。当时 AR–PA 决定致力于开发一个能实现资源共享的计算机网络，把分组交换技术应用于网络的数据通信。这就是于

1969 年建成的世界上第一个采用分组交换技术的计算机网络——被后人称为"网络之父"，也是现今"因特网"的前身。

（三）20 世纪 80 年代——开放式标准化网络阶段

开放式标准化网络开创了一个具有统一的网络体系结构、遵循国际标准化协议的计算机网络新时代。国际上各种广域网、局域网与公用分组交换网发展十分迅速，各个计算机生产商纷纷发展各自的计算机网络系统（难以实现互连），但随之而来的是网络体系结构与网络协议的国际标准化问题。开放式标准化网络阶段的主要特征是局域网络完全从硬件上实现了 ISO 的开放系统互联通信模式协议的能力。计算机局域网及其互连产品的集成，使得局域网与局域互连、局域网与各类主机互连，以及局域网与广域网互连的技术越来越成熟。综合业务数据通信网络（ISDN）和智能化网络（IN）的发展，标志着局域网络的飞速发展。1980 年 2 月，IEEE（美国电气和电子工程学会）下属的 802 局域网络标准委员会宣告成立，并相继提出 IEEE801.5—802.6 等局域网络标准草案，其中的绝大部分内容已被国际标准化组织（ISO）正式认可。作为区域网络的国际标准，它标志着局域网协议及其标准化的确定，为局域网的进一步发展奠定了基础。20 世纪 70 年代末到 80 年代初可以说是网络的春秋战国时期，各种各样的网络应运而生。20 世纪 80 年代初，APPANET 取得了巨大成功，但没有获得美国联邦机构合同的学校仍不能使用。为解决这一问题，美国国家科学基金会（NSF）开始着手建立提供给各大学计算机系使用的计算机科学网。CSNET 是在其他基础网络之上加以统一的协议层，形成逻辑上的网络，使用其他网络提供的通信能力，在用户观点下也是一个独立的网络。CSNET 采用集中控制方式，所有信息交换都经过 CSNET-Relay（一台中继计算机）进行。1982 年，美国北卡罗来纳州立大学的斯蒂文·贝拉文创立了著名的集电极通信网络——网络新闻组（Usenet），它允许该网络中任何用户把信息（消息或文章）发送给网上的其他用户，大家可以在网络上就自己所关心的问题和其他人进行讨论；1983 年在纽约城市大学也出现了一个以讨论问题为目的的网络——BITNET，在这个网络中，不同的话题被分为不同的组，用户可以根据自己的需求通过电脑订阅，这个网络后来被称之为 MailingList（电子邮件群）；1983 年，在美国旧金山还诞生了另一个网络 FidoNet（费多网或 FidoBBS）即公告牌系统，它的优点在于用户只要有一部电脑、一个调制解调器和一根电话线就可以互相发送电子邮件并讨论问题，这就是后来的 Internet BBS。以上这些网络都相继并入 Internet，并成为它的一个组成部分，因而 Internet 成为全世界各种网络的大集合。

ISO（国际标准化组织）在推动开放系统参考模型与网络协议的研究方面做了大量的工作，对网络理论体系的形成与网络技术的发展产生了重要的影响，但它也面临着 TCP/IP 的挑战。此阶段又是形成计算机网络体系结构的阶段，为了使不同体系结构的计算机网络都能互联，国际标准化组织 ISO 提出了一个能使各种计算机在世界范围内互联成网的标准框架——开放系统互联基本参考模型 OSI。这样，只要遵循 ISO 标准，一个系统就可以和位于世界上任何地方的、遵循同一标准的其他任何系统进行通信。

（四）20 世纪 90 年代——广泛应用与进一步发展阶段

此阶段是高速计算机网络时代，计算机网络向互连、高速、智能化和全球化发展，并且迅速得到普及，实现了全球化的广泛应用，代表性产品是 Internet。这一阶段网络发展的主要特征是：计算机的发展已经完全与网络融为一体，采用高速网络技术，综合业务数字网的实现，使得多媒体和智能型网络兴起，呈现出计算机网络化的趋势。

网络正向高速网络技术发展，表现为宽带综合业务数字网 ISDN、异步传输模式 ATM、高速局域网、交换局域网与虚拟网络。1993 年 9 月，美国宣布了国家信息基础设施（NH）计划（信息高速公路）。由此引起了各国开始制定各自的信息高速公路的建设计划。各国在国家信息基础结构建设的重要性方面已达成共识，并于 1995 年 2 月成立了全球信息基础结构委员会（GHC），目的在于推动和协调各国信息技术和国家信息基础设施的研究、发展与应用——即全球信息化。Internet 技术在企业内部中应用促进了 Intranet 技术的发展，Internet、Intranet 与电子商务成为当今企业网研究与应用的热点。Internet 作为世界性的信息网络，正在对当今经济、文化、科学研究、教育与人类社会生活发挥着越来越重要的作用，以 ATM 技术为代表的高速网络技术为全球信息高速公路的建设提供了技术准备。Internet 是覆盖全球信息的基础设施之一，是一个用路由器实现多个广域网和局域网互联的大型国际网，利用 Internet 可以实现全球范围内的电子邮件、WWW 信息查询与浏览、电子新闻、文件传输、语音与图像通信服务等功能。目前，计算机网络已经真正进入社会各行各业，被社会各行各业所应用，虚拟网络 FDDI 及 ATM 技术应用，使网络技术蓬勃发展并迅速走向市场，走进平民百姓的生活。

四、网络内容的发展模式和阶段

从内容角度来说，互联网发展到现在主要经历了三个大的阶段，并即将经历第四个阶段（以主要流量来源和用户行为目标为划分依据）。第一阶段是传统网络，主要是传统的网站，这个阶段持续了十几年；第二阶段主要是网站和内容流型社交网络并存，这个阶段目前正在趋于尾声，已经持续了七八年；第三阶段，则是网站弱化、移动 APP 与消息流型社交网络并存的阶段，这个阶段是目前正在发生的，却也持续有两三年了；第四阶段则是即将发生的，超级 APP 将以用户为基础，承载一切的内容与服务，最终完成互联网信息的全面整合。他们的具体发展模式如下：

第一个阶段，各种传统的互联网网站以"内容为主、服务为辅"为主要形态。其内容提供方式主要是信息块和一部分信息流，它的特点是通过静态网站来实现内容的展示。这个阶段的内容发现机制是通过搜索引擎做内容聚合来实现的。用户通过搜索引擎寻找内容，使得搜索引擎成为事实上的互联网入口，并成为用户与内容的中间商，这就是百度的"中间页"战略的原因。这个阶段的互联网，其缺陷相当明显。一是用户分散，没法聚焦，账号体系缺失，导致内容作者与用户没法互动，因此不能提供持续服务。二是用户与网站各自独立，无论是内容找用户还是用户找内容，都非常困难，导致信息的流通成本很高。三是消息流的缺失，导致部分服务需要跳转到沟通工具上去，如邮箱、QQ 等，增加了用户与内容提供方的沟通成本。四是因为这个阶段的互联网核心是基于域名，用户使用成本非常高，间接导致了域名生意的火爆，抢注成了家常便饭。

第二个阶段，也就是 Web2.0 时代，各种互联网网站与内容流型社交网络并存。这个阶段的互联网形态，仍然是以内容为主、服务为辅，而其内容与服务提供方式则主要是提供多种信息块与信息流，其中信息流以内容流为主、消息流为辅。这个阶段的内容发现机制是内容与服务通过社交网络的统一账号，得以直面用户，而搜索引擎不再是唯一获取信息的渠道。在这个阶段，互联网发展出现了一些改进：第一，通过信息流来提供服务与部分动态内容，取代了之前的通过静态网站呈现内容的方式。第二，依托于社交网络的初步发展，用户成为互联网的中心，体现了"以用户为中心"的企业一般性策略。第三，因为社交网络的发展与聚合作用使得用户聚焦，而统一的账号体系则为用户与内容提供商提供了持续互动的可能，从而促进了内容提供方为用户提供更加长久的内容展示与服务的能力。第四，是动态内容的主动推送，使得内容方不会被遗忘，从而避免边缘化。而这种主动推送也节省了用户寻找内容的时间，符合人性的懒惰，所以很多网站的流量就开始大量来自微博等的导流，而传统的搜索引擎的价值则被弱化。但这个阶段的互联网仍然是有很多缺陷的。一是信息块的缺失导致欲展示其他信息时，仍然要跳转到其他网站。二是消息流的弱化使得交互不足，导致服务倾向于工具而不是沟通。不过在国内，依托于在线即时通信工具 QQ 的发展，减少了因此不足导致的信息沟通成本。三是这个阶段才出现七八年，快速发展也就最近三四年，新的工具就崛起了，并因此改变了用户习惯。传统社交网络面临着用户从内容流型社交网络向消息流型社交网络迁移的问题。四是这个阶段的互联网其移动属性较弱，不如移动 APP 随时随地、更加方便。

目前，互联网正处于第三个阶段——移动 APP 与消息流型社交网络等并存，而传统互联网网站面临萎缩的阶段。这个阶段的主要内容形式是内容与服务并重，而且内容提供方式则主要是信息流，其中以消息流为主，而以内容流为辅。这个阶段的内容发现机制是借助于各种 APP 或微信这类工具，由用户直面服务。换句话说，APP或微信成为内容中心，而再无须通过搜索引擎或内容流型社交网络这两类中介了。

第四个阶段，则得益于移动互联网的深度发展，从量变将会引起质变。

这个阶段超级 APP 将会诞生，有可能完成早期搜索引擎曾经做过的事情——成为链接中心，打造互联网统一体。

超级 APP 为什么能够诞生？这主要是时机已经成熟，涉及操作系统的研究。

一方面，在早期 Windows 操作系统时代，它作为"文件操作系统"由操作系统直接管理内容，让用户与内容直接接触，其内容呈现方式也是文件本身。后来操作系统进化到苹果和安卓系统，应用成为主要的管理内容的工具，所以将其称为"应用操作系统"时代。

这就是说，在内容和操作系统之间隔了一层，应用替代了操作系统去实现更方便、更有效地管理内容的功能。其内容呈现方式也是以应用的方式呈现，用户不再直接接触内容本身，则是内容管理层面的变化。

另一方面，从管理的内容层面来看，Windows 一类操作系统，是管理用户存储在本地的内容，所以又将其称为"本地操作系统"。到了应用操作系统时代，主要的内容开始向线上转移。用户存储在本地的内容已经不再是核心。所以一旦没有了网络，基于应用操作系统的智能手机对用户的价值将大打折扣，我们将其称为"线上操作系统"时代，或称"网络操作系统"时代。

由以上两点就从理念层面证明了，在应用操作系统时代 APP 越过操作系统来管理一切内容是可行的，这就是将要发展的超级 APP。比如之前大热的微信正是证明了这个时代的来临。

五、网络发展的方向

（一）多媒体与计算机相结合的网络发展方向

多媒体是指多种媒体的综合，在计算机系统中是指两种或者两种以上媒体的人机交互式信息交流和传播媒体。多媒体信息主要有文本、图像、动画、声音、视频影像等。多媒体技术和计算机结合既是多媒体技术的发展需要，也是计算机网络技术的发展需要，它丰富了信息的传播方式，适应了时代的发展需求，是人们更能接受的信息传播模式。在多个领域都有对多媒体技术和计算机技术结合的应用需求，比如在远程教育领域、音频处理领域、数据库内容检索领域、通信系统领域、工业领域等。在经济高速发展的时代，人们对艺术的追求、对生活品质的追求也在提升，自然对于信息的接收也是有所挑剔的，多媒体与计算机网络技术的结合正好满足了人们的需求。在未来的发展方向上，主要是从计算机多媒体集成化、网络化和终端智能化方面展开。总之在未来的多媒体技术与计算机网络的结合发展将使人们的生产生活更加便捷、高效。

（二）网络一体化分工协作的发展方向

计算机网络的一体化分工协作是指通过对系统的创新、整合、重组等来实现。系统整体中有分工，分工中又注意一体化的模式。计算机网络的一体化分工协作正如人类的分工合作，可以使得计算机网络系统合理、高效地运行。现在部分计算机网络已经实现了一体化分工协作，但还有大部分的网络系统有待发展。计算机网络发展的初期只是比较简单的通信系统，随着计算机网络技术应用范围越来越广泛，人们对计算机性能要求的不断提高，系统逐渐复杂化和多样化。为了适应时代的要求，对系统进行重新组合、创新发展是网络的发展方向。网络虚拟系统使用方便而又不必关心网络内部结构和操作系统，也是计算机网络一体化分工协作的一条路径。

（三）网络开放性发展方向

网络开放性发展是网络发展的一个必然趋势。随着经济全球化的发展，不同地域、不同国家、不同民族的人都有互相了解的需求，都想通过网络了解外界。基于统一网络通信协议标准的互联网结构，正是计算机网络系统开放性的体现，计算机网络通信协议的统一标准是在计算机网络的漫长发展历程中逐渐探索才慢慢形成的。这是一个信息更新速度极快的时代，要求信息的多渠道来源，实现信息共享，网络的开放性发展成为必然。在计算机网络向开放性发展的同时，还要注意网络的一系列安全问题，比如网络病毒、黑客攻击、信息安全、软件脆弱性等。为了保证计算机开放性的安全发展，要加强网络安全的完整性，加强计算机保密技术的发展，推进反病毒技术的研发，完善互联网相关的法律法规，打击信息盗取、黑客攻击等行径。

（四）安全高效的网络发展方向

近年来，随着现代网络系统规模的不断扩大，复杂程度、专业技能不断升高，高性能、安全性高的计算机网络管理系统的建立也得到高度关注。网络管理是指监控、记录网络资源和使用情况，当网络出现故障时能及时报告并处理，最终实现网络的高效运行，为网络使用者提供良好的网络环境。现在网络管理存在的问题主要有计算机病毒、黑客攻击、网络管理人员素质低、信息保密性不强等。所以建立安全高效的网络管理系统主要是要研究开发更先进的反病毒防火墙、信息加密技术。要提升网络管理人员的素质，学校要顺应时代的发展随时调整人才培养计划，注重人才的实践与理论结合。具体可以实行"校企合作"，在理论知识学到一定阶段时，进入相关的企业进行实践，提高专业素质。

第二节　网络文化的界定和概念

网络文化的概念应从两个角度来定义：一方面是从技术的角度，另一方面是从文化的角度。从字面来看，网络文化包含"网络"和"文化"两方面内容，这两方面内容是互为依托的，缺一不可。普通大众一般认为，网络文化是现实社会文化的延伸和多样化的展现，是一种在网络空间形成的文化活动、文化方式及观念的集合。其实针对网络文化的概念，学界有着不同的观点。

我国清华大学哲学系教授万俊人认为，网络文化是由网络经济引起的以网络构成和信息交流的全球普遍化和实践操作的高度技术化为基本特征的文化。经济学理论和思想政治教育专家冯永泰则认为，网络文化是以网络技术为支撑的基于信息传递所衍生的所有文化活动及其内涵的文化观念和文化活动形式的综合体。美国学者戴维·波尔特（音译）将网络文化定义为：以计算机技术和通信技术为基础，依靠网络产生、形成或者借助网络得到延伸、发展的各种文化现象的综合。

我们认为网络文化应从狭义和广义两个角度来阐述。从广义的角度，顾名思义，网络文化不同于传统文化，存在于网络的一种特定的文化，是人类的一种文化，是大众的文化。从狭义角度而言，网络文化就是建立在计算机技术之上的，和互联网息息相关的一种人类精神和生活方式的反映。狭义的网络文化是人类科技文明的成果，是人类创造发明的结晶。网络文化不是主流文化，也不是精英文化，而是一种大众文化，是一种人人可以发表观点的，蕴含着大众喜怒哀乐、思想动态的文化。网络文化的形成和创造的主体是网民大众，很多情况下网民参与和助推着公共事件的形成和发展。和网络的形成与发展一样，网络文化的形成与发展也经历了几个阶段。

在 Web 发展阶段，人们开始逐渐利用网络这一平台进行信息的交流，这种交流为今后网络文化的形成奠定了基础，可以说是网络文化的雏形阶段。在这个阶段，互联网这种全新的技术逐步被大众接受、认可，这种超越了时间、地域限制的平台给人以无限想象的空间。可见互联网技术发展的迅猛，用日新月异来形容一点也不为过。在 20 世纪末到 21 世纪初，互联网技术已经朝着大众需求和实用角度在发展了。到了Web2.0 阶段，通过互联网实现双向互动，成为这一阶段的特征，信息访问者成了信息提供者，使得真正意义的网民开始出现，宣告着网络文化正式形成。紧接着在网络的不断完善下，网络的各种功能被不断开发，各种应用以及社交平台应运而生。人们自由言论的空间被迅速挖掘出来，博客、微博、QQ 等聊天社交工具层出不穷，人们可以通过网络展示自己的生活，也可以通过网络发表自己的观点，在此基础上诞生了一批网络现象、网络红人、网络语言等。随着网络制作剧、网络歌曲和网络文学作品的开枝散叶，网络文化得到了极大的繁荣和发展。

综上可见，网络文化是以社会为基础的，是社会生活的反映，它涵盖社会生活的政治、经济、医疗卫生、娱乐文化、科学技术、教育、外交关系等各个方面。它随着网络的发展而发展，随着社会的进步而进步，是一种符合社会潮流的社会文化。

第三节　网络文化的内容和特征

网络文化随着互联网的发展而发展，其阵地不断壮大，给人们的生活带来巨大影响。网络文化所涵盖的内容包罗万象，通俗来讲，网络文化包括网络语言、网络音频视频、网络文学、网络交往、网络媒体、网络游戏、网络问政等。

一、网络文化所囊括的具体内容

（一）网络语言

从广义上来说，网络语言是指现在所有网络环境中能够体现网络独特面貌的媒介，它具有电子性、全球性和交互性的特征。狭义上讲，网络语言是从网络中产生或应用于网络交流的一种语言，包括中英文字母、标点、符号、拼音、图标（图片）和文字等多种组合。现代社会中各式各样的网络语言伴随着网络的发展而流行，这些语言以传统语言为依托，具有生动形象、丰富多彩、诙谐、幽默的特征。一些学者对网络语言的产生有些恐慌，认为其影响了传统汉语文化底蕴的继承。但是笔者认为，网络语言应取其精华去其糟粕，应批判地继承。一些词汇，比如土豪、菜鸟、楼主等是无伤大雅的，是可以使用的。实际上，在现代汉语词典中已经适当增录了一些网络词汇。

网络语言之所以在网络快速流行，和其言简意赅、贴切心情的特征分不开。比如在网络聊天过程中，常常使用一些字母符号来代替文字，MM 代指美女（美眉），GG 代指帅哥（哥哥），使用便捷也很方便理解。另外，一些网络现象也会衍生出一些特别的词汇，比如 2016 年盛行于网络的"蓝瘦香菇"，如果不经常上网，可能无法理解这个词语的含义。但经常上网的网民可以明白，其源于一个失恋的普通话不标准的青年男士所发的视频，在视频中青年男士不停地表达自己的心情——"难受想哭"，但由于普通话不标准带有地方口音，因而被喜欢逗乐、恶搞的网友演绎为"蓝瘦香菇"并配以蓝色的香菇图片，一时间这个图片迅速流传于各大网络平台，成为人们消遣、解忧的词汇。网络语言的种类非常丰富，除了字母、符号和中文词汇外，一些数字也是网络语言的主力军。最早的网络语言中，常见的数字符号有"88"（拜拜），"886"（拜拜了），"9494"（就是就是）；最近两年诞生的数字语言如"666"（溜溜溜），这个数字源于网络游戏，起初代表玩游戏特别溜，是褒义，但随着发展变化，逐渐产生了讽刺的意味。当然网络语言的种类还有很多，在这里不再一一列举了，随着网络文化的发展，网络语言的队伍也将不断扩大。以上列举的都是无伤大雅，甚至起到丰富汉语作用的网络语言。针对网络上较为粗俗的网络语言，弥漫着不良习气的语言，应及时屏蔽和治理。

古人云：言为心声，语为人境。网络语言作为网络的次生文化，不仅能反映网民的情绪，还能够折射网民的社会文化心理。除此之外，网络语言还能体现出一个时代的精神风貌和一个国家的文明程度。作为社会文化的一部分，网络语言不可能脱离现实存在，对网络粗俗、暴力化的语言整治不能只是排斥和压制，而应善用疏堵之道，有关部门应做到"堵"与"疏"相结合、"收"与"弃"兼顾，取其精华，去其糟粕，让网络语言真正成为汉语的新鲜血液，更好地为汉语服务。

（二）网络媒体

网络技术的成熟使得网络媒体悄然盛行。网络媒体从本质上来讲和传统媒体（广播、电视、报纸、杂志）一样，都是信息传播的工具，但网络媒体依赖于 IT 技术，其传播形式是运用各种网络手段将文字、音频、图片等进行传输。相对于传统媒体，网络媒体具有传播范围广、保留时间长、信息存储空间大、开放性强、操作方便、时效性强、交互性强、成本低的优势。所谓传播范围广顾名思义就是具有的影响力广。传统媒体尤其是报纸媒体，往往只能对某一个特定区域产生影响，比如《燕赵都市报》主要面向的受众群体为河北地区的读者，《大河报》则主要面向河南地区的读者，同样的道理，美国的报纸主要面向美国发行，日本的则主要面向日本国内。互联网则不然，它可以通过技术分布在近 200 个国家，可以说实现了全球范围的覆盖和影响。除了覆盖范围广，其形式也多种多样，可以是影像也可以是动画、声音，还可以是文字、图片等，不仅涉及商业，还涉及文化、教育甚至政府部门。而计算机技术强大的存储能力，使得曾经记录在网上的文字，可以永久地保存下去。据 Alexa 排名可见我国新闻资讯类网络媒体，在 2016 年排名前三名的为腾讯网、搜狐网和新浪网；电子商务排名前三名的为淘宝、天猫、阿里巴巴；娱乐休闲类网络媒体前三名的为爱奇艺、优酷和迅雷。1994 年，我国接入互联网以来，众多传统媒体纷纷转型，开始尝试与互联网相结合。

比如《人民日报》适时推出了网络版，受到了人们的好评；《羊城晚报》《南方周末》的微信公众号也得到了广大读者的欢迎。总之，网络媒体的传播内容是网络文化的重要构成之一。

（三）网络游戏

网络游戏往往是指游戏玩家通过互联网连接进行的游戏。围绕网络游戏，诞生了很多网络词汇，比如玩家、大神等。网络游戏的诞生使人们的网络生活更加丰富，也使网民形成了各个不同游戏的小圈子。比如网游《仙剑奇侠传》推出之后，围绕这个游戏形成了为数众多的仙剑迷。他们除了玩游戏之外，还在各个论坛和网站讨论各种攻略以及游戏内容和喜好等。《魔兽》《英雄联盟》等都是现今网民耳熟能详的游戏，围绕这些游戏诞生了很多相关文化，甚至有电影公司将其制作成大电影来吸引网络游戏玩家。网络游戏具有大众化的特点，网络动画往往制作精良、逼真，音乐和剧情也很吸引人，很多游戏实现了不同国界不同玩家一起操作，拉近了世界网民的距离。网络游戏的种类有很多，有养成类游戏、卡牌类游戏、打斗类游戏、战争类游戏和益智类游戏等，以满足不同年龄段、不同人群的喜好。网络游戏是网络文化中不可或缺的组成部分，围绕网络游戏所形成的文化产业已逐步成为国民经济发展中不可忽视的重要力量，具有十分重要的意义。但网络游戏对青少年的负面影响也很大，网络游戏新、奇、趣的特点使很多青少年沉溺其中而不能自拔，导致生活和学业受到严重影响。所以如何正确对待网络游戏是教育工作者需要重视的问题，关于这一问题在后面章节中会详细阐述。

（四）网络歌曲和网络视频

网络歌曲没有明确的定义，广义的网络歌曲就是指借助网络发布于互联网平台的各种歌曲；狭义的网络歌曲是一种由网络原创的，借助 MP3、FLASH 的制作技术，反映青年人生活、思想、心境，在网络上广为流传的歌曲。网络歌曲往往伴随着调侃、幽默、荒诞，有时候很多口水歌在网上泛滥，以迎合现代人的心态，比如当年《老鼠爱大米》《两只蝴蝶》的盛行，虽然节奏简单、歌词缺乏内涵和深度，却得到网民的喜爱，广为传唱。这和现代人精神压力大、生活疲惫的状态密切相关，网络歌曲往往是当代人精神的宣泄口。《我在人民广场吃炸鸡》这首歌，从歌词到曲调与传统概念上的优美、深度都相去甚远，但却迅速风靡于网络，其背后的原因是值得社会工作者深入研究的。总的来说，网络歌曲的特点包括网络原创、容易引起网络受众共鸣、不被主流媒体所接受、风格幽默和受众群体年轻化。网络歌曲在很多情况下被称为快餐文化，成名快、湮没也快，不管网络歌曲的存在是利还是弊，其都是网络文化的重要组成部分。

和网络歌曲相得益彰的就是网络视频和网络影视了。网络视频是一种动态影像，包括各类影视节目、新闻、广告、FLASH 动画、自拍 DV、聊天视频、游戏视频、监控视频等。这里所说的网络视频，主要是指网民自制的用以消遣、调侃的视频，还有一些恶搞的广为传播的自制剧。网络剧是近几年开始发展壮大起来的，不同于传统的影视模式，网络剧不以票房为盈利点，而是以网民的点击率、广告植入、视频平台的播放权购买等为盈利模式。网络剧与电视、电影的区别主要是播放媒介不同，传统电视剧的播放媒介主要为电视，网络剧的主要播放媒介是电脑、手机、平板电脑等网络设备。2016 年一批优秀的网络剧诞生，《老九门》《法医秦明》等制作成本低，但故事情节紧凑的网剧受到了观众的喜爱。网络剧作为网络文化的组成部分，发展前景巨大，其衍生的价值观也将对社会产生重要的影响。

（五）网络文学

所谓网络文学，就是以网络为载体而发表的文学作品，其本身并没有一个明确的界限。网络文学与传统文学并不是一个相对立的局面，互联网的发展使得传统文学与网络文学相融合，很多传统文学作品被制作成电子书发布于各个网络文学平台，供大众阅读，网络文学的盈利主要靠点击率和用户付费阅读的形式存在和发展。我国最早、影响力最大的网络文学平台有"榕树下""碧海银沙"等，后来随着网络的进一步完善，起点、17K、逐浪等网络文学平台以迅雷不及掩耳之势发展并壮大起来。1998 年，痞子蔡创作的《第一次的亲密接触》被誉为网络小说的先锋。这部小说讲述的是痞子蔡在网上邂逅美丽的女孩轻舞飞扬，进而从网络走入现实并产生爱情，却不想女孩突然不辞而别，当痞子蔡不知所措时，才得知女孩得了重病不久于世。这部小说以诙谐的语言、浪漫的氛围、悲情的结局赢得了年轻网民的疯狂追逐，甚至小说中的对白都成为当时青年男女广为流传的告白说辞。《第一次的亲密接触》的出现，使网络文学不断走向与众不同的新文学。网络文学的特征即大众化也就因此而显现。网络文学平台对于原创作者没有限制，对于学历、身份、文学基础没有任何要求，任何人都可以在网络平台上发布自己的作品，并可以凭借作品的点击率赢得关注或获得利润。在这种无门槛、无门界、无限制的情况下，迅速诞生了一批网络作家，其中不乏优秀的作家和作品，也因此推动了玄幻小说、宫斗小说、穿越小说、现代都市爱情小说的繁荣和发展。网络玄幻小说的代表作有《诛仙》等，虽然为玄幻小说，但这两部作品中吸纳了大量的传统文学精粹，《诛仙》结合并引用了《山海经》《搜神记》中大量的人物和故事，使得整本书凸显出作者的文学造诣和底蕴，文笔沧桑、细腻，构思奇特、曲折，是不可多得的佳作，这部网络著作被新浪网誉为"后金庸武侠圣经"。宫斗类文学作品，最近几年脍炙人口的作品——《后宫甄嬛传》，这部小说以细腻的文笔勾勒出处于深宫大院中女人们的爱情故事，钩心斗角、血雨腥风，让读者们也跟着剧情而惊心动魄。穿越小说是网络小说中最热门的题材，主人公由于某种原因从其原本生活的年代离开、穿越时空，到了另一个时代，在那个时代展开了一系列的活动。现代都市爱情小说里衍生了很多派别，比如霸道总裁系列，这种题材往往以高富帅爱上灰姑娘为主线，满足了很多少男少女的爱情幻想；疼痛青春系列以青少年成长中遭遇的伤痛为主线，都市爱情系列以都市中的男男女女为主线，讲述青年男女的爱情故事。当然网络文学不只有网络小说，网络诗歌、散文等都是网络文学的重要组成部分。近些年，以网站为主要依托的网络文学逐步发展到微信小说、小说 APP 等各种门类，方便网民用手机阅读和浏览。

（六）网络交往

交往就是两个或者两个以上的个体，为交流信息而建立的来往过程。在互联网视域下，网络交往成为网络生活中必不可少的部分，网络交往也因此成为网络文化的重要组成部分。网络交往没有明确的定义，目前大部分学者认为网络交往就是人们以互联网为交际工具进行的人际交往活动。网络交往的形式主要是聊天工具，如 QQ、MSN、微信等，以及网上虚拟社区和各个平台，如微博、空间、讨论区等。现今随着互联网的进一步发展，直播工具、视频平台也成为网络交往的一种形式，另外电子商务、电子购物等也是网络交往的一部分。网络交往和社会中的人际交往一样，是一种人与人的社会联系，也是以语言、文字为媒介，通过对话达到人与人之间的沟通。不同于传统的交往，网络交往具有隐蔽性和匿名性，这是网络上最显著的特点。在网络上可以将自己的真实身份虚拟化，可以隐瞒自己的外貌、工作、学历甚至性别等，虚构出各种身份和信息，甚至可以扮演自己向往的各种角色，因而网络的自由性、平等性得到了网民的喜爱。但网名的隐匿性也使得一些不法分子利用网络从事诈骗，给不法分子提供了犯罪的机会。此外，网恋也成为一种新的恋爱形式，人们将爱情转移到虚拟的网络社会。虽然不排除网恋的美好和真实性的存在，但更多的是基于虚假的网恋给现实中的人所带来的伤害。比如，曾经在网上出现过一个网络生存平台，在这个平台中，人们可以以各种方式生活，甚至可以用虚拟的人物在网络上进行网婚。很多人将此称之为游戏，但对现实中的人造成了真实的伤害。从近些年的新闻报道中可见，由虚拟的爱情影响到现实中生活的案例并不鲜见。故而网络交往可以说是一把"双刃剑"，通过网络交往可以培养人的自信心，可以增进人与人之间的感情，也可以给人以感情宣泄的出口，但网络所带来的负面性也是极其严重的社会问题。尤其是涉世未深的大学生更容易沉溺于网络交往中无法自拔，近些年频出的女大学生见网友失联事件，就是一个个血淋淋的教训。所以作为网络文化的重要组成部分，青少年的网络交往问题需要学界进一步研究和探讨。

（七）网络问政

网络的蓬勃发展为公民的参政议政提供了平台，强大的网络监督提供了一种强有力的、透明的、公正的执政方式。许多政府部门纷纷在微博、微信平台上建立起自己的官方微博、公众号、订阅号等。比如北京公安系统所建立的"平安北京"，以其亲民的语言、贴近民生的内容和及时互动的资讯得到了网民的好评，自创立至今已吸纳上千万粉丝。总的来说，网络问政就是政府有关部门通过互联网了解民生、汇集民意以达到民主决策、为民办事、服务于民的目的。由于政务网络平台往往更加贴近民生，因此得到了网民的广泛好评，使得网络问政成为政府了解民情的重要渠道，而政务微博的内容和民生的反馈也构成了网络生活的一部分。

二、网络文化的特征

网络文化的特征可从普遍性特征和非典型性特征两个方面去阐述。在普遍性特征方面，网络文化具有虚拟性、多元性、大众性；在非典型性特征方面，网络文化具有角色的去性别化、主体的个性化、文化的补偿性和极端性特点。

（一）网络文化的普遍性特征

1.虚拟性

虚拟性是指在网络空间，主体的形象、身份和行为被数字化，主体活动是一种符号化的活动。具体来说，虚拟是网络空间得以存在和发展的灵魂所在。网络空间是一种由"比特"构成的数字化电子虚拟空间，它不同于现实物理空间，正是这些数字符号决定了网络空间的虚拟性。在现实生活中，人们可能扮演不同的角色，但其身份终究是真实可靠的。然而在虚拟空间，也就是在网络中，主体的形象、身份和行为都被数字化了，换言之，主体的活动其实是一种符号化的活动。这样，一切都是虚拟的，比如场景、人、物，甚至人的表情都用数字和符号来代替。所以，网络世界虽然在功能效应上是真实的，但存在的形式却是虚拟的、非真实的。这种符号代替的特征使得网络空间失去现实空间的确定性和稳定性，通过一系列文本或者图片符号来塑造自己的形象与身份，正如比尔·盖茨所说："在互联网上，没有人知道你是一条狗。"同时，人们认为网络虚拟空间不仅不受时间与空间的限制，而且冲破了现实世界条条框框的束缚，人们可以自由翱翔，通过一系列虚拟行为挑战一切规则。虚拟空间的存在，使人们可以摆脱时间与空间的限制，随时随地实现与不同国籍、不同民族或不同阶层的人沟通和交流的愿望，所以人们越来越倾向于借助网络与他人进行沟通与交流，以维持和拓展自身的人际关系。网络的虚拟化对人际交往影响很大，比如一个相貌平平的人，在日常生活中常因相貌而感到自卑，羞于表达自我或结交朋友，但在网络上可以侃侃而谈，全因网络的虚拟性使人的缺点可以掩饰。空间的虚拟化除了对人际交往有一定影响外，对人类的消费方式等也会产生一定影响，比如电子商务的出现，不仅改变了人们传统观念上的购物习惯，让人足不出户就可以买到自己理想的商品，而且解决了大批的就业岗位，带动了经济的发展。

2. 多元性

文化从范围角度可分为主流文化和非主流文化。主流文化是一个社会意识形态的重要组成部分，影响着社会的风气和精神面貌。非主流文化是相对主流文化而言的小众文化，往往与主流人群难以达成共识。我国传统的主流文化，推崇爱国、友善、公德、责任、秩序等，主流文化是一种积极向上的、健康的文化。在网络文化中，主流文化是最重要的组成部分，但网络的特性使得网络上的一些非主流文化逐步显现出来。非主流文化俗称亚文化，由于其直接作用或影响人们生存的社会心理环境，影响力往往比主流文化更大，也能赋予人可以辨别身份属性的特殊精神风貌和气质。非主流文化可以说是一种具有夸张与扭曲特征的网络亚文化，除了主流文化和非主流文化之外，网络文化的多元性还体现在西方文化的融入。由于互联网在很多方面实现了世界一体化，故而西方的一些价值观念也随之涌入。涌入的文化形态，既有积极的一面也有消极的一面，有西方先进的教育理念和制度文化，也有拜金主义、享乐主义等具有负面影响的文化。从这一点来说，网络文化是一个复杂的、多元化的文化熔炉。

3. 大众性

从字面上理解，大众含有群众、平民、大量的意思。网络文化的大众性，也就是网络文化具有大众文化的含义。我们都知道，互联网的出现深刻影响了人们的生产方式、思维方式和生活方式，并在与网络的交互作用中形成了一种特有的文化形态，这种文化形态就是网络文化。网络具有开放性、时效性、扩展性和隐匿性。所以在网络上，人们可以更加自由，不受职业、性别、学历、年龄、收入的影响而自由充分地表达自己的声音，这种表达就是大众文化的一种表现。学术界部分学者将网络文化称为"草根文化"，也就是说，网络可以成为任何人展现自己的舞台。在网络上，人们不再仰视专家、学者、明星，而是将专家的观点与自己的观点进行比较、分析，从新的角度提出自己的看法和见解。在传统媒介上，普通民众缺少话语权，很难实现互动。只有在网络上，他们才能畅所欲言、指点江山，表现出对传统的颠覆和对权威的挑战。比如网络文学、网络歌曲等很多都是草根阶层创作发布的作品，也许很多作品在艺术家眼中存在这样或那样的缺陷，但不影响在大众群体中的传播，因为草根作品真实呈现了大众的生活和心声。虽然网络文化的大众性有很多值得称道的地方，比如它颠覆了传统主流文化的话语霸权，但也正是由于这种大众性，形成了网络文化中浮躁和丑陋的因素，比如网络文学中山寨作品、抄袭作品的大量出现，窥探明星隐私的各种"艳照门""出轨门"事件的发生，以及人肉搜索对隐私的侵害等。所以，深入理解网络文化，了解网络文化大众性的本质内涵，找到有效措施，才能引导网络文化健康发展。

（二）网络文化的非典型性特征

1. 去性别化。

在网络文化非典型性特征方面，最突出的就是去性别化了。传统意义上的男女从着装到行为举止均有着典型的差异。但是在网络上，由于不同以往的交往方式，使得网民在语言和行为举止的选择上有了很大的发挥空间。一个日常生活中行为正常的男士，可能在网络上任意选择不同风格的头像、图片，甚至美女图来代表自己，以达到标新立异的目的。在现实生活中，每个人都承担着自己相应的责任，不同的性别、不同的个体均有自己的角色和义务，但是在网络上，这种传统性别差异的观念却可以被忽略，男人可以将自己说成女人，女人也可以将自己说成男人。久而久之，偏中性的审美在网络上诞生了，出现了去性别化的现象。从网络上人们的装束可以看出，男性也开始选择鲜艳的服饰，女性也开始使用重金属元素或干练的寸头等形象来彰显个性。这种去性别化的特征给社会带来一定负面影响，让部分人群的性别意识出现偏差，给大众正确的审美带来消极影响。这种去性别化有很大的弊端，使部分人群沉溺于角色的混乱中不能自拔，造成对现实生活的影响。

2. 个性化。

网络是一个张扬个性的平台，其多元性、虚拟性的特征为网民个性的张扬提供了条件。网络文化的个性化包含很多方面，首先是网络语言的个性化。借助网络，网民在交流信息的过程中，拥有与传统人际交流所不同的感受和趣味。在网络传播的影响下，网民逐渐趋于选择符合自己个性特点的符号或者简单易懂的文字来进行表达，这种表达的过程凸显了个体的个性。比如在微博平台上，网民们常将自己的观点用各种或诙谐或简略的语言来进行概述然后发布。网络文化的个性化在教育、消费、阅读等方面都得到了进一步的体现，在网络环境下，研究网络群体个性化的需要、提供个性化的服务是将来的一种发展趋势。

3. 补偿性和极端性。

网络文化的补偿性和极端性，是基于网民的心理角度出发而划定的特征。互联网是有着巨大吸引力的虚拟空间。在这里，人们可以大胆发表自己的意见，表现自己的聪明才智，充分展现自己的闪光点，并相互交流、相互帮助，收获尊重、友情和自我价值。对于很多人来说，现实生活中很难有这样的机会，这就是网络文化的补偿性，也可以称之为补偿文化。补偿文化对于人的心理健康有一定的帮助，能够将人类现实生活中不足的地方，通过网络进行弥补和彰显。但既然是补偿文化，就必然夹杂着牢骚和不满，在很多情况下，网络成为人们发泄的平台，在一些事件的留言板上，谩骂、牢骚、嘲弄的词汇并不罕见。在现实生活中，面对各种不文明行为，大众大多是敢怒不敢言，甚至默默忍耐，真正敢于站出来进行指责或者帮忙的并非主流。所以，当在网络上出现了不符合传统道德观，与正确的价值观相违背的事件时，就会将平时积压的不满情绪宣泄出来，进而出现了许多极端词汇。

这种通过网络进行发泄，并得到呼应，从而获得心理上的平衡和满足感就是网络的补偿性和极端性。对于网络的极端性，社会心理学家认为，通过群体讨论，无论最初的意见是哪一种倾向，其观点都会被强化，称之为群体极化效应。人们普遍有着从众倾向，并希望自己表现得更加突出，会不知不觉中把原有的观点推向极端化。网络具有实时性、互动性和开放性，使得在极短时间内，数量巨大的人群卷入讨论之中。人们相互攀比、观点逐步强化，产生了极其强大的群体极化效应。互联网放大了个体行为影响，聚合了个体行为能量，使原本一些分散在各处、被社会忽略的少数人聚集起来，形成了小的群体，并有着不断增大的趋势。善的力量是如此，恶的力量也是如此。在现实生活中分散的、不受人注意的丑恶现象，往往能通过网络集中地反映出来。因此，网络文化的极端性特征有好的一面，比如可以迅速把"善"放到最大，有利于促进社会公德建设、推动制度完善。现实生活中的一切丑恶和不公平现象，都会在网上被曝光，迅速被正义的洪流淹没；也有坏的一面，强烈的谴责甚至谩骂容易对当事人造成难以磨灭的伤害和心理刺激。

第四节　网络文化的主体性和异化

人作为主体在网络环境中自由活动与发展，可以说，网络拓展了人的发展范围和张力。但随着互联网技术的不断发展和网络文化的日益丰富，人作为主体在网络中的活动出现被不断异化的情况。也就是说，相对于网络文化，人本应具有主体性和主观能动性，但在很多情况下人的行为却被网络异化，在网络环境中难以把控自己的情绪和举止。

一、网络文化的主体性

（一）主体性的概念

要想了解网络文化的主体性，首先需要明白何谓主体性。在人类漫长的发展演变历程中，人类不断地认识自然、改造自然，让自然为"我"所用，其主体性被发挥得淋漓尽致。主体性是历史和哲学发展的产物，虽然在漫长的历史过程中，人的主体性一直存在，但直到哲学体系诞生后，才意识到主体性的内涵和意义。具体来说，从社会历史发展进程来看，在原始社会，落后的生产力使得人类在大自然面前无能为力，面对暴风骤雨、山风海啸，人类往往听天由命，这种主体性就很微弱。随着科学技术的发展，人类的主体性体现得愈加明显，直到工业社会，科技提升了人改造自然的能力，"人本位"思想出现，让人类的主体性得到了强烈体现。现代，社会的稳定和自由、平等的氛围，以及人类不断追求人性的独立和自由的实现，让人的主体性愈加突出。对于主体性的概念，学术界虽然有不同的声音和争议，但人类主体性的含义是自始至终不变的。我国教育部原部长袁贵仁曾经说过："人的主体性就是人同客观事物的相互作用所体现的能动性、创造性和自主性。"这句话将人的主体性的本质和内涵概括得十分到位。具体到网络文化的主体性，就是指网络文化中，人所表现出来的具体能动行为。

人的主体性在网络中大致体现在三个方面：一是信息整合性。网络的信息量非常大，参与者众多。网络信息的更新是以小时甚至分钟为周期的，人们通过网络可以随时随地了解世界各地发生的事情，获得自己感兴趣的信息。随着信息技术的发展，人们也可以在网上消费、购买自己喜爱的物品。从这一角度来说，人的主体性发挥得淋漓尽致，不仅可以根据自己的喜好整合信息，而且可以屏蔽自己不想了解的资讯。二是自我性。在网络文化中，人的个性化得到发扬和强化。在网络空间中，人在日常生活中压抑的性格特征往往得到解放，人在各个平台的宣泄与表现也是人的主体性的体现之一。三是人际交往自由性。在网络中，人可以和形形色色的网民去交往，可以利用网络掩盖自己的身份，利用网络达到彰显自己的目的或是人际交往的目的，这种将网络视为工具的行为也是人类主体性的表现。可以说网络在一定程度上消除了现实社会的社交障碍，给人类的生活带来便捷。

（二）网络文化对主体性的意义

网络文化于人类的主体性具有一定的积极意义。首先，网络文化提高了人的思维创新能力，促进其主体性的进一步发展。从发展思维的角度来看，计算机网络时代，新技术、新知识的更替促进了人的感觉器官、思维能力、神经系统的全面提升。同时，也有助于增强人的记忆力和计算速度，扩展了人的思维空间，促进了人的主体性的提升。人脑作为系统认识的主体，它的功能不等于人的机体的简单机械运动，人脑在认知、思维速度和广度上的提升，是人的主体性不断提升的基础。其次，网络信息传播使人获取知识更加高效。传统获取知识的手段是书本、报刊等，人类获取有效信息的速度远远低于通过网络获取的速度。人的机体由于信息的高效而变得更加聪慧，人的精神世界也因此得到了提升，人的主体性也在这种环境下发挥得淋漓尽致。最后，网络文化对交往方式的改变，促进了主体性的发展。网络社会的人们可以打破地域空间的限制，让地球成为"地球村"，在这个村落里，人们可以一起通过网络进行学习、工作和娱乐，使异地交流成为现实，从而消除了交往之间的最大障碍。此外，网络交往可以促进人的自信心提升，有利于提高人的主体参与意识，从而对人的主体性起到促进作用。

二、网络文化主体性的异化

（一）异化的概念

在学术界，关于异化一词的来源也有不同声音，有些学者倾向于异化一词舶来于拉丁文 alienation，含义是转让、分离和疏远。但不管异化的源头来自哪里，在发展过程中，异化从最初的分离、脱离逐步与社会政治挂钩。18 世纪法国启蒙思想家让·雅克·卢梭从政治学角度使用过异化的概念。卢梭强调个人的权利和自由不能转让，除非在社会契约中放弃这种权利和自由，转让给代表他们的国家。卢梭的这种态度，表明了他要求个人权利和自由的意向。卢梭还揭露了人的社会活动及其产品变成异己的东西的事实。他曾在《爱弥儿》中指出，文明使人腐败，背离自然使人堕落，人变成了自己制造物的奴隶等。这样，他就在人与社会、人与自然两重关系上深化了异化概念的内涵。卢梭在异化思想上的推进，终于成为向德国古典哲学异化理论过渡的桥梁。到了 19 世纪，异化的概念在德国古典哲学中被广泛使用，黑格尔用此概念分析了主客体分裂、对立的关系，并提出人的异化。在黑格尔的《精神现象学》中，黑格尔的异化理论达到高峰，异化成了说明自然、社会、历史等辩证发展的核心概念，成为在"自我意识"所体现的人类意识和社会发展整体中始终起重要作用的中介。黑格尔把存在的一切都归结为"自我意识"。把异化也归结为"自我意识"。马克思主义认为，异化与阶级一同产生，是指人的物质生产与精神生产及其产物变成异己力量，反过来统治人的一种社会现象。马克思主义认为异化产生的根源是私有制，最终根源是社会分工固定化。在《德意志意识形态》中，马克思运用异化劳动观点，进一步揭示了作为资本主义社会和此前社会的主要异化形式——"私有制异化"，即作为国家形式的政治统治的异化以及劳动作为人的自身否定的社会活动的异化。从 19 世纪 50~60 年代，马克思在一些著作中扬弃了从社会契约论到黑格尔的异化理论，认为转让不过是从法律上表示简单的商品关系，外化则表示以货币形式对社会关系加以物化，异化才真正揭示了人们在资本主义制度下最一般的深刻的社会关系，其实质在于表明人所创造的整个世界都变成了异己的、与人对立的东西。从这一点来看，马克思的理论更为深刻透彻地揭示了异化的本质特征。

就网络文化而言，当人类陶醉于网络为人的个性张扬和充分展示提供便捷服务而沾沾自喜之时，网络文化主体性的异化问题也悄然降临。网络异化危机在不知不觉中给人类带来不容忽视的一系列社会问题和危机。具体来讲，人本来是网络的主体，具有主观能动性，人是操控网络，让网络为自己所用的"主人公"，但在科技水平不断发展过程中，网络的异己力量不断彰显出来。网络文化在不知不觉中对人的主体意识进行了破坏，使人的主体能动性受到了影响，让人与网络的主客体地位悄悄发生改变。也就是说，网络文化成为一把"双刃剑"，对个性化的网络文化选择主体带来了双重影响，网络文化在进一步扩散的同时，很大程度上导致人对自身生存与发展价值的反思，进而对主体性产生了影响。在网络世界中，人是处于"无时间的时间"和"流动的空间"之中，现实的人已与主体位置发生了事实上的"异化"，人的主体性生存与发展价值受到了自我抗拒主体的中心化的打击，从而导致人的主体性在网络文化的不确定性、无序性中逐步减轻甚至消失。由此可见，在科学技术飞速发展的今天，互联网日益强大对人类生活不断产生冲击的今天，要克服或是减轻网络文化对主体性的异化是非常有难度的。

（二）网络文化主体性异化的表现

1.网络文化弱化了人际交往的社会属性，人的主体性慢慢消退，人越来越远离自身，并被自己研发的技术所异化。

在社会现实中，人的言行举止具有社会属性，人为了防止说错话、做错事，往往学会察言观色、谨言慎行或是遇到事情采取明哲保身、根据情况或进或退。但是网络具有隐匿性，加之目前各种网络制度并不健全，约束力较低，在网络中人人可以扮演虚拟的角色，就出现了在现实中闭口不言、在网络中夸夸其谈的大量群体。这种群体的出现本无可厚非，但是从人的自然属性和人的思维特点来讲，当多重化的身份出现之后，其主体就会逐步产生一种"自我"的认同危机，从而导致其无法真正认识、了解到自己，逐步导致出现思想分裂、自我矛盾的现象。可以说，网络文化弱化了人的自主选择能力。在真实的世界中，人的主体性不断突显，当面对各种事件时，人可以选择回避或是应对的态度。但在网络中，由于相对自由、各种无限制，使人的个性充分张扬。人性在张扬中逐步被网络所奴役，成为网络的奴隶。这也解释了为何有的人在现实生活中是谦谦君子，但到了网络世界中却化身为语言的"暴民"：一方面彰显了其性格特征中隐藏的一面；另一方面使其逐步被网络思想所"奴役"。

2.网络文化主体性的异化还体现在对网络主体心理孤独感的影响。

在网络空间中，人们可以结交认识众多网友，不管是网络聊天平台还是微博、

QQ、陌陌等交友工具，抑或网络游戏、豆瓣、知乎等形形色色的网络环境中，都可以认识各种类型的人群。在游乐嬉笑中、在辩论争吵中，网络上随时都可以掀起一场交际的狂欢。不过在这些滔滔不绝的狂欢下，走出网络之后就是一种难以名状的孤独感。人们在不知不觉中对网络形成了依赖心理，过分依赖网络来抒发自己感情。比如即使对父母的爱，很多也是通过微信朋友圈、微博发帖等形式来表达，却难以在现实中表达出自己温情的一面。网络上的表现和现实中的自我出现反差，网络的喧闹和现实中的心理孤独感形成反差，从而造成网络越热闹，现实越孤独的心理感受，对现实生活中丰富多彩的人生也开始视而不见。对网络的依赖和对现实的孤独感是网络异化的另一个重要表现。

3. 网络对部分人群思考能力的异化。

网络的存储量是无限的，任何知识和专业领域想寻找的资料都可以从网上搜索出来，甚至中小学的作业题答案在网络上都会有独立的网页。在这种情况下，似乎人类想了解的一切知识和技能都可以从网络上搜索出来。虽然对于大多数人而言，网络搜索只是一个帮助自己的工具，但对于少数人来说却是让自己摆脱任务、完成作业的捷径。从毕业生的毕业论文到中小学的习题作业、从领导讲话到工作总结、从文案策划再到英语翻译，网络所提供给人的似乎应有尽有。久而久之，部分人群就养成了在现实中完成任何任务都借助网络去寻求复制或是抄袭的习惯。这种行为除了道德层面的败坏外，更会对人类的思维产生影响，对人的思考能力产生冲击，让人的主体思考能力在无形中发生退化。人的思考能力得不到锻炼，凡事先求助于网络的行为是网络文化主体性的异化表现之一。

4. 网络文化对人的道德品质的异化。

在网络文化发展进程中，各种包括伦理的、政治的、法律的、道德的问题日益凸显。在网络上出现的各种道德缺失现象，比如人肉搜索、语言暴力、信息欺诈、垃圾信息、盗取个人信息、入侵个人邮箱等现象，以及色情、变态信息的出现和传播等，让人们的道德观受到影响。虽然在现实中也有各种不法行为，但现实社会中的影响远没有网络犯罪行为对人类的影响迅速、深远。一直以来，我国对各种不法网站实施严密的防范与治理，故而我国网络环境整体相对较为合理、绿色、健康。但西方一些国家，尤其是以美国为代表的西方资本主义国家，色情、暴力网站的泛滥程度让人咋舌，很多青少年沉溺其中不能自拔。不良网站的存在让人类的思想品质出现异化，从而出现了社会道德滑坡的现象。

（三）原因分析

引起网络异化最明显的原因就是虚拟，虚拟是网络主体异化的前提条件。网络世界本来是现实世界的拓展与延伸，并非人类生活的全部。网络本来只是为人类所利用的工具而已。但网络的虚拟性使得人的行为在网络世界中自由地展现，使得现实社会中不敢表达、不敢发泄的情绪都可以在网络中得以宣泄。这种虚拟对现实的弥补和影响越大，人对网络的依赖心理越重，人的主体地位就越受限制。网络异化行为弱化了人的本质、弱化了制度约束、弱化了人的能动性。但网络是由无感情、无目的的符号组成的，故而对网络的依赖可以说是一种病态心理。这种病态心理除了依赖之外，还表现在逃避心理、解压心理、破坏心理、懒惰心理等。除了人类自身的原因外，法规制度的不健全也是造成网络主体异化的重要因素。现存的各种规范体系不健全，造成网络处于"真空地带"，在网络中的一些不规范行为可以不受到惩罚，这就给某些网络主体的失范与异化行为提供了可乘之机。另外在网络与现实中，某些制度规范存在着分歧和差异，这也成为网络主体异化的借口。但不管怎样，网络主体性的异化责任不在网络本身，出现网络奴役"人"的现象，主要原因还是人自身出现了问题。故而，网络主体异化的克服，人的主体地位的提高，从本质上来讲还是需要对人自身进行教育和改造。

另外，若想克服网络文化对主体性的异化还需要不断提高人的自我认同。所谓自我认同就是指在社会中的塑造对自我本身的确认和认同，简言之就是了解并知道自己是谁，明确自己的身份，认同自己。强调自我意识，用理智的眼光看待问题，有助于化解主体性危机。现代社会，网络虽然在生活中扮演着重要的角色，但人的身份和地位自始至终是没有变的，用理智、成熟的眼光应用网络才是最正确的现代社会生存之道。

第五节　网络文化的受众群体分析

一、受众群体的相关概念

在分析网络文化受众群体之前，首先要明确受众的概念。受众是指信息传播的接受者，受众最早是作为广播、电视等传统媒体的读者身份而出现的，慢慢演变成广义的"接受者"的含义。受众是一个巨大的集合体，可以是形形色色、身份各异的人群。

自大众传播学成为一门科学以来，谁是新闻传播活动的中心一直是众多学者研究和讨论的焦点之一。早期的传播学者从宣传的角度出发，先后提出了"枪弹论""强效果论"等理论，其实质就是把受众看作被动的信息的接受者。很明显，在这些理论中传播者是居于中心地位的。随着研究的发展，传播学者们发现受众并不是单纯的、被动的接受者，也不是同质的。不同的受众对于同一传播信息会产生不同的反应，由此受众在传播过程中的作用开始受到重视。

受众的概念真正实现从传者中心论到受众中心论的转变是在 20 世纪 60 年代。受众中心论的研究者认为，受众是传播的主动者，媒介是被动者。受众并不是消极地"接受"信息，而是积极地寻求信息为自己所用，这也就是所谓的受众本位意识论。20 世纪 90 年代，市场经济体制逐步建立以后，受众中心论正式被新闻理论界提出，并引起争议，然而受众中心论仍然被大多数学者认可，并与市场中的大众媒介互为指导。1982 年，由中国社会科学院新闻研究所和首都新闻学会调查组共同发起的北京地区读者、观众、听众调查，是我国进行的第一次大规模的受众调查。这次调查规模大、统计规范、权威性强，调查结果发表后在国内外引起很大反响，使得受众观念、理论得以建立并强化，受众研究组织相继问世。更为关键的是"受众"这一概念从此深为广大新闻媒介从业人员所接受，而后逐步扩展并应用到广告业的信息接收群体和其他文化相关产业的信息接收群体等，自此受众的概念范围也愈加宽泛起来。

二、互联网受众群体的类型划分

互联网为人们提供了一个更为广阔的、更为便捷的交流平台，为现实社会的人们提供了一种全新的互动环境，人们在这种新的互动环境中以网络为载体进行互动，形成了网络社会群体。据新华社报道，中国互联网络信息中心在京发布的第 38 次《中国互联网络发展状况统计报告》显示，截至 2016 年 6 月，中国网民规模首次超过 7 亿人，达 7.1 亿人。其中农村网民 1.91 亿人、手机网民 6.56 亿人，人均周上网时长 26.5 小时，互联网普及率达到 51.7%，超过全球平均水平 3.1 个百分点，网民规模连续 9 年位居全球首位。

将互联网的相关数据进行细化研究，从中掌握规律和特点就得从受众群体入手。网络文化的受众群体划分有很多种方法，可以从年龄层次划分，可以从社会身份角度进行划分，还可以按照学历、文化程度角度进行划分，亦可以从性别角度、收入角度、地域角度研究对网络的使用情况和喜好进行划分。由于本课题研究重点为大学生群体，故本书仅以年龄为划分依据，对受众群体的网络使用情况进行了分析。

三、从年龄角度分析网络文化受众群体

从年龄角度研究网络文化对受众群体的影响，主要从四个方面进行。即未成年人网络受众群体、大学生网络受众群体、成人网络受众群体、老年人网络受众群体四大类。

（一）未成年人网络群体

1. 未成年人群体上网情况概览

中国互联网发展状况统计调查显示，上网已成为未成年人成长历程中的普遍现象。

而在未成年群体中，在 10~13 岁开始接触网络的学生最为集中。未成年人上网关注的内容主要是学生之间乐于交流探讨的话题，34.8% 的学生是由同学、朋友教会上网。学生常浏览的网站类型依次是游戏类、教育学习类、娱乐时尚类、交友聊天类，比例分别是 34.1%、18.2%、16.2%、13.6%，休闲娱乐的内容总计占了 63.9%。调查显示，男生喜欢游戏类网站，比女生高出 7.5 个百分点；女生常浏览娱乐时尚类网站，高出男生 3 个百分点；喜欢交友聊天类网站的男女生几乎各占一半。还有 13.1% 的学生出入网吧、9.6% 的学生只有到网吧才可以上网、3.5% 的学生是在有上网条件的同时也常常到网吧上网，男同学占网吧上网学生总数的 2/3 以上。90% 以上的学生去网吧是为了休闲娱乐，极少部分学生是因为学习需要到网吧上网。统计结果显示，在网吧玩游戏的学生占了近一半，其中玩暴力刺激类游戏的学生最多，达 70% 以上。谈及上网吧的费用，60% 的学生表示要使用平日零花钱，其他学生则要向家长要钱，或用自己的部分生活费和压岁钱来支付。

相对其他群体，未成年人身心发展尚不成熟，鉴别能力和自控能力比较薄弱，网络的消极方面对这一群体的影响最大。在各种消极因素的影响下，未成年人上网成瘾的现象最近几年呈上升趋势，总体来讲网络对于未成年人有着极大的负面影响。首先，网络文化大量不良信息不利于未成年人的思想健康。网络不仅是一种新技术工具，而且是一种全新的社会文化，它具有自己鲜明的特点。网络文化雅俗共赏，主流与非主流并存，具有强烈的开放性、多元性、大众性和个性化的特点，这种包罗万象的新型文化既具有正面积极作用，又有负面作用，且负面作用不便于管理和监督。未成年人自主选择性需要网民去甄别，有目的地选取自己所需，但未成年人很明显不具备这种选择能力。他们心智尚不成熟，难以辨别美丑善恶，大量信息对视觉的冲击必然对未成年人的心理造成影响，比如网络语言暴力、不良视频等，很容易让好奇心旺盛、模仿能力强的未成年人受到影响。其次，网络的虚拟交际危害未成年人的身心健康。虚拟交往是网络文化的重要内容之一，在网上隐藏身份进行交往，精彩而刺激。但未成年人浸身其中，则险象环生。网上交往的自由性、平等性、随意性是其最诱人的特点。未成年人涉世未深，难以分辨网络交往的危机。在网络交往的受害群体中，未成年女性首当其冲。处于青春发育期的女孩子，对成人世界懵懂向往，在网络上很容易受到蛊惑而心绪迷乱。这些年，未成年少女离家出走去面见网友的案例时有发生，因面见网友受到侵害的案例也频频见诸各媒体。此外，网络对未成年人的影响还表现在对学习生活的影响。网上新奇有趣的内容很多，容易吸引未成年人的眼球，对未成年人产生诱惑。这种诱惑让未成年人难以抵御，进而沉浸其中，无心学习，影响课堂情绪。比如，近些年一些网络游戏对未成年人没有限制门槛，未成年人在玩网游时很容易上瘾，严重影响了健康和学习。

2. 未成年人网络成瘾问题

未成年人网络成瘾问题是目前社会专家学者广泛关注的问题。网络成瘾是一种病态的心理，是一种过度使用网络的行为。网络成瘾对未成年人来说，会对其心理功能造成损害，不利于其健康成长。具体来说，如果未成年人沉浸于上网，他们会迷失于虚拟的世界，自我封闭，与世界产生隔阂，不愿意与人面对面交往。久而久之，会影响未成年人的心理定位，还可能引起人格分裂，不利于其正确价值观的形成。经过调查研究，我们认为未成年人网络成瘾的原因有三：首先，是学习压力问题。当前虽然一直在提倡素质教育，也开展得不错，但是学生的压力依然很大。这种压力在小学、初中、高中等各个阶段都存在。高中生承受的高考压力不言而喻，小学生如今也面临着小升初、择校等一系列问题。虽然我国教育部门规定，小学阶段要减负，小升初时要就近入学。但很多家长依然愿意为孩子选择优秀的中学资源，甚至不惜花高价挤入民办精英的中学。这些学校往往要求学生拥有各种各样的比赛成绩，以数学为例，除了平时的成绩优异之外，还要有华罗庚杯、素质杯等奥数比赛的证书，除此之外还需有一些特长。这种名校的规定就造成小学生在完成校内功课之余，奔波于各个学习班之间，并频频现身于各种赛场，即便到了暑假、寒假也不能完全轻松下来。至于初中生，休息的时间更是少之又少，繁重的课业、中考的压力，让初中生疲惫不堪。据调查，晚上 10 点之后睡觉已成为大多数初中生的常态。当然除了学习的压力外，家长往往对孩子期望值过高，也会给学生报名一些钢琴、绘画、舞蹈之类的特长班，家长的期望、课业的压力等让未成年人喘不过气来。在这种情况下，一些学生尤其是在课业考试上经常失利的学生就会通过上网来进行心理排解，网络似乎成了逃避现实的最佳场所。其次，家庭是造成未成年人网瘾问题的另一个重要因素。现代社会有很多独生子女，从小没有玩伴，尽管父母及爷爷、奶奶对他们很宠爱，但他们缺乏与同龄人的交流，觉得特别孤独，他们上网目的之一是找玩伴。农村虽然独生子女少一些，但农村有很多留守儿童，他们的父母往往在大城市打工，一年与父母也见不了几次，这些孩子缺少父母的关爱，于是他们通过网络来寻求情感寄托。经过调查发现，在农村，许多中学阶段的留守儿童问题很多。由于父母长期打工，和父母交流很少，这些孩子初中选择的多是寄宿制学校。父母定期寄钱给孩子。孩子拿到钱后可以自己打理一切，在学校逃课上网或是周末在网吧待一天，父母也毫不知情，爷爷奶奶由于年龄、身体等因素也难以进行管束。此外，在家庭因素中，夫妻关系不和谐也是促使孩子逃离家庭进入网吧的重要原因。整日吵架的家庭，对孩子的心理成长影响是非常残酷的，孩子恐惧父母在一起的时间，恐惧看到父母歇斯底里的面貌，逃离家庭、避开纷争是他们的选择。最后，在家庭关系中父母教育方式不当、亲子关系紧张也是重要原因。亲子关系紧张，使得孩子无法与父母进行良好的沟通，而孩子在确立人生观、世界观最关键的时候，尤其需要来自父母的正确指导。但父母不能与子女进行平等的沟通，家庭教育方式相对滞后，很多父母更习惯于那种"家庭命令式"的教育方式，忽略了青少年的叛逆心理，造成了青少年偏要和父母对着干的局面。当家长不让子女上网时，子女会有抵触心理并进行抗拒。综上，随着网瘾带来的危害事件的频繁出现，戒除未成年人网瘾已经成为迫在眉睫的研究课题。戒除网瘾需对症治疗，了解其网瘾的成因，不能一味地采取强硬措施，应该从感动和感悟入手，让未成年人从心中根除网瘾。

（二）大学生网络群体

中国互联网信息中心（CNNIC）公布的数据显示，19~24岁的网民最集中，而在这个年龄阶段的网民中，大学生群体占据绝大比例，且上网时间较长。大学生是网络资源的主要"消费者"，是活跃于网络空间的"中坚力量"，网络生存已经成为当代大学生重要的社会活动方式。

大学生群体是一个具有较高文化层次的群体，也是受网络影响最广的群体，大学生承担着社会所赋予的重要建设使命，因此深入了解大学生群体的网络使用基本状况，有着重要的现实意义。

作为网民主体之一的大学生，每日上网已成为常态。经过调查得知互联网已经融入了大学生学习和生活的方方面面。不仅教师会利用网络布置作业，而且学生通过电子邮件等形式上交自己的作业、论文、报告等也是很平常的事情。另外，随着手机网络的普及，大学生用手机浏览网页、购买产品等现象很普遍。但是，相对于女生而言，男生更加喜欢去网吧，他们去网吧主要是玩各种网游，通宵玩游戏在大学生群体中较为常见。

调查显示，大学生使用的上网工具以手机最为常见，目前在高校中手机上网情况基本已经达到100%。平板电脑由于价格较为昂贵，在普通高校中使用率并不是很高。至于电脑的使用率之所以高达75%，是高校周围鳞次栉比的网吧为大学生提供了方便的上网环境，而高校内提供的电子信息阅览室也为大学生提供了电脑，上网也很方便。在高校男生宿舍中，很多男生还会合资共同购买台式机，供一个宿舍轮流使用。而一些条件较好的学生，还会自带笔记本电脑到学校使用。

针对上网时间的控制能力强弱的调查结果表明，大约23%的同学表明大体能够自己把握、控制上网时间；35%的同学表明有时会上瘾，但多数时候可以控制；27%的同学表示想控制时间，但一上网就会忘记时间；15%的同学采取顺其自然的方式，一般不在乎上网时间的控制。也就是说，目前依旧有不少学生不能有效控制自己的上网时间，即使宿舍熄灯之后，也会在临睡前用手机浏览网页、朋友圈、微博等。在上网内容方面，大学生上网学习、查资料情况少，大约占 19%；玩游戏、看电影、聊天占 42%；至于浏览网页、发朋友圈已基本上成为大学生的常态。

针对网络使用情况，大部分大学生认为网络的利弊因人而异。15% 的同学后悔耽误了太多精力，25% 的同学偶尔会懊悔，37% 的同学觉得与周围人相比还算正常，23% 的同学认为上网很有效率，对自己很有帮助。网络是一种工具，发挥什么样的效果还要看使用者，因此，大学生对待网络的态度较为正常。

通过上述结果可以看出，网络对大多数大学生来说，已经不再是生活的一个媒介，而是生活中必须做的一件事情，是其生活的重要组成部分。目前，人们已经认识到了网络对大学生学习生活的重大影响。但不可否认的是，以往人们往往过度宣传上网或网络游戏对学生的负面影响，这不利于鼓励学生正确使用网络。如果过分限制大学生使用网络的时间和途径，将会影响大学生对未来信息社会的适应能力。因此，高校管理者和教师应寻找切实有效的措施，帮助学生正确地利用互联网工具，促进他们的学习以及人际沟通与交往，从而建构一个积极的学生网络环境。

（三）成人网络群体

中国互联网络信息中心发布的最新报告显示，当今中国人平均每天上网多达 3.7 个小时，这已经是连续第五年增长。更让人担忧的是，网络成瘾现象不但没有改变，还逐渐从青少年蔓延到成年人身上。过去提起网瘾，大家会不约而同地想到中学生，然而随着网络触角的延伸，网瘾群体的年龄跨度也拓宽了。现如今，成年人网络成瘾现象比比皆是，引起了社会的广泛关注。当然成人网络成瘾的现象是一个世界范围内的难题，并非只是我国独有，美国加州斯坦福大学医学院公布的一份研究报告称，超过 1/8 的美国成人上网成瘾，短时间内不上网便会失魂落魄。报告指出："网络中毒"的人群占有如此大的比重，已成为危害公众身心健康的一大社会痼疾。实际上，在欧美诸国，成年人上网成瘾的问题远较未成年人严重，这是因为早在 1996 年，它们便仿照电影分级制度以暴力、色情、恐怖、社会道德、文化内涵等静态标准，与游戏、上网时间等动态标准结合将网页分为 7 个等级，并实行实名制登录，将未成年人上网有效控制在合理范围内。成年人不受此约束，于是"成人网瘾"问题日益突出。相对而言，我国成人上网成瘾的情况要好很多，但随着社会进程的加快，成人工作、家庭、婚姻等诸多压力成为生活中的痼疾，为了缓解压力，许多成人选择通过网络进行宣泄。成人的思想较为成熟，许多利用网络犯罪的行为都是成人的行为，比如黑客攻击、网络诈骗等。总而言之，成人使用网络的情况也是值得重视的一个问题。

（四）老年人网络群体

随着互联网的普及和快速发展，越来越多的人享受到了信息社会的便利和快捷，老年人作为社会上的一个特殊群体在网络信息时代这个大环境的影响下也逐渐跟上了时代的潮流。在中老年群体中，有一小部分人开始想要了解接触或者已经在使用网络了，老年人这个网络受众群体虽然所占比例较小，但是不能被忽略。与之前相比，目前越来越多的老年人开始享受高科技带来的快乐，比如有些老年人开始使用智能手机在网络上观看新闻、看电子书、玩微信晒朋友圈、玩一些网络游戏，有的老年人甚至学会了网上购物。老年人作为一个较为特殊的群体由之前险些被网络社会边缘化，到现在老年人网络人口所占比例日趋增多，凸显了社会和时代的进步。

其实老年人上网是有很多好处的。老年人一旦退休之后往往就没有太多事情做了。老人一旦闲下来往往容易感到孤独寂寞，上网可以帮助缓解老年人的孤独寂寞感，可以让老年人更加了解这个社会。具体来说，上网可以帮助改善老年人的认知功能。随着年龄的增长，人们的大脑认知功能都会下降，老年人通过上网可以锻炼思维能力，可以通过网络途径了解医疗保健知识，从而开阔老年人的知识视野，提高老年人的生活质量。另外网络在某些方面可以满足老年人情感与自尊的需要。现代社会工作生活节奏都很快，很多人都更专注于自己的事业而忽视了对老年人的关爱，网络能弥补和加强老人的社会联系，消解老年人内心的孤独、隔离感和陌生感。

据了解，老年人上网通常采用的是台式电脑，采用手机等移动终端上网的比例相对于其他群体较少。中国网民的主要上网终端是手机，占了整体的85.8%，中老年网民使用的上网终端与之存在较大差异，造成这种现象的原因可能是因为中老年人仍然不习惯移动终端，他们会遇到看不清或者不会用等困难。

第六节　互联网对人类社会的影响

互联网对人类社会的影响是广泛、深刻、持久的，并且以独特的方式影响着社会的各个领域，掀起了涉及社会结构、政治形态、经济体制、思想文化、教育方式、管理方式、工作方式、生活方式和人际关系等各个领域的一次次改革浪潮。具体来说，互联网给人类社会所带来的革命性影响主要体现在以下几个方面。

一、对政治的影响

（一）互联网使民主政治更上一层楼

人们通过无所不在的网络，可以实时了解到世界任何地方发生的事情，既是目击者，又是事件处理过程的监督者，并且通过互联网，广大人民群众可以在网络上自由地表达对时事政治的观点和评论，各级政府则耳听八方、博采众长，使民主政治由此更上一层楼。这样的"电子民主"使得原来几乎没有机会参与政治决策的普通群众也能提出自己的主张，有利于打破旧有的政治权力严格的等级体系，促进社会平等。言论自由、渠道通畅极大地调动了人民群众关心时政、建言献策的积极性，基层群众能够更加敏锐、及时地捕捉和发现隐藏的社会问题，为政府提出应时的政策议题开辟了一条高效的渠道。大众参与、民主决策增强了决策的完善性与合理性，为政府科学决策提供了更可靠的保障。老百姓对于亲身参与制定的政治决策更容易理解、接受和认同，从而减小了新政策可能遭遇到的阻力，有利于推动政策的落实。此外，电子政务对政府部门工作的透明度和政策制定的公开化提出了更高的要求。有利于公众对政府的监督，强化了政府工作人员的责任意识，进一步推动了民主政治的发展。

（二）互联网给国际政治带来挑战

互联网是一个超越国界、跨越地域的媒体，把世界变成一个"地球村"的梦想正在一步步地成为现实。当前，一国的政治制度受全球化信息的牵扯和互动将发生根本性的变革，权力的组织机构、管理方式将发生质的变化，社会分权化趋势日益明显。值得关注的是，国际互联网上的信息有 90% 是英文，这对于非英语国家是非常不利的。西方发达国家利用互联网广泛传播其价值观念，在不知不觉中渗透进许多发展中国家的意识形态领域，对这些国家的社会稳定和内政独立产生严重的干扰和破坏作用，并逐步向社会的分层化发展，引起社会结构和阶级关系发生新的变化。信息的不对称很可能会加剧发达国家和发展中国家间政治地位的不平等，扩大国际政治格局的两极分化，给世界的动荡不安埋下隐患，一些强势的政治集团也会利用互联网谋求可能会危害社会公共利益的政治和经济权力。过分强调网络民主可能导致极端的"情绪化政治""无政府主义"泛滥，影响到正常的社会政治生活。

二、对经济的影响

（一）互联网推动经济生产方式的根本性变革

互联网的普及带来了第三次科技改革，使人类社会从铅与火的时代迈进了光与电的时代。经济全球化和信息网络化大大促进了资本、商品、劳务、技术、知识、服务的自由流通，为企业不断革新生产技术、优化资源配置、降低生产成本、吸引优秀人才、拓展产品领域提供了便利的平台与广阔的空间，加强了跨地区、跨行业企业间的交流与合作，世界市场日益成为一台统一而高速运转的生产机器，源源不断地创造出令人眼花缭乱的物质财富。但是，先进的生产方式也带来了更为激烈的市场竞争，企业的核心技术及核心员工流失的可能性大大增加，贸易壁垒的打破对发展中国家的冲击巨大，严峻的国际挑战对企业应对市场变化、抵御经济危机的能力提出了更高的要求。

（二）互联网带来管理方式的变革

互联网的普及使大型跨国公司的经营管理成为可能。通过信息化管理，公司总部可以轻松地掌控世界各地子公司的生产、经营、销售状况，从宏观上指导和调控公司整体的发展方向和运作方式。比如，世界上最大的连锁零售商沃尔玛，早在20世纪90年代初就建立起美国总部与世界各地所有分店、供应商和配送中心之间庞大的网络数据信息系统，每一件商品的采购、库存、物流和销售等与经营管理有关的信息都及时地反馈到数据中心，由专门的管理人员进行整合、分析和决策，根据实时的市场信息快速调整商品的产供销计划。沃尔玛正是通过高效、及时、准确的信息流对物流、资金流等进行了有效的整合与优化，最大限度地降低了成本，实现了经营管理的标准化、统一化和专业化。此外，互联网还有利于提高公司内部沟通、决策等管理活动的有效性。通过互联网实现高层和基层的直接交流与平等对话，有利于打破传统科层制的等级结构体系，保证信息传递的通畅性和准确性，增强公司的执行力。同时，将员工纳入公司决策机制，有利于调动员工的积极性，促使他们以主人翁的责任感积极地投入工作、敏锐地发现问题并提出合理的改进意见，从而提高管理决策的科学性，推动决策的贯彻落实。这样不仅能提高管理效率和管理水平，也为公司营造出一种平等、公开、理解、反馈、共享的工作氛围，有利于优化企业文化，提高员工的满意度和绩效水平，实现公司和员工的双赢。但互联网也带来了一些新的管理问题，如有的员工会利用上班时间收发私人邮件、浏览与工作无关的网页、网聊、玩网络游戏等，不仅降低了个人的工作效率，而且会对工作环境和组织氛围产生不良的影响，这需要公司制定严格的工作场所行为规范，提高管理监督的敏感性和警觉性，或者开发网络监管系统，杜绝此类行为，让互联网更好地为提升公司的经营管理质量服务。

（三）互联网带来经济增长理念的改变

互联网推动了经济的发展，更加突出了知识和信息在现代社会中的价值和地位。传统的经济增长主要靠扩大厂房、增加人力物力等方式来实现。新经济增长理论认为，知识的传播和创新将是互联网时代经济增长的关键，技术进步和进入信息时代将使经济增长保持持续发展的趋势，使人们期望的"收益递增"成为可能，由此导致经济发展模式面临重新选择的过程，社会将进入一个以知识和信息生产、创新为主导的知识经济时代。

（四）互联网促使消费方式和财富分配方式发生重大变化

互联网使得企业供应商、制造商、经营商和零售商以及传播媒体之间的界限日益模糊，消费者有可能直接进入企业产品的策划和生产当中，产品的多样化和个性化将是未来企业经营战略的主导思想。在传统社会中，以实体资源、人力资源和技术资源参与财富分配的模式已经形成，随着互联网的发展和网络时代的到来，技术资源参与财富分配的比重将日趋增大。

（五）互联网促使电子商业快速发展

互联网的普及开辟了一片全新的商业领域——电子商务，它将采购、销售、技术增值服务、售前及售后服务、市场营销展示、客户关系管理、物流和供应链管理等统统纳入计算机网络的应用范围,建立起企业、消费者和政府之间前所未有的广泛、畅通、便利的联系。网上购物、订餐、订票、炒股、招聘、咨询、问诊、娱乐等已经成为现代人生活中不可或缺的重要组成部分，淘宝、当当、卓越等商务网站家喻户晓。虚拟的网络世界里上演着真实的创业故事，无形的信息流中蕴藏着可观的增值资产，电子商务带来的无限商机与挑战正等待着智慧的现代人去开拓、闯荡和畅享。

三、对文化的影响

（一）互联网促进了新型的网络文化的产生

现代信息技术促使一个新的行为特征、互动规则和思想意识的全新网络文化的产生，这种网络文化的发展逐渐成为信息社会的主导产业。其中，一种人类需要共同研究的"虚拟文学"也正在诞生，人们既要对传统人文科学进行发展、创新，又要对人类的生活状态和生活方式做出新的阐释。新的文化价值观念体系正在改变人们的生活，促进人类文化进程的变革。

（二）互联网带来思想的解放和碰撞

互联网时代崇尚自由与个性，是一个思想空前大解放的时代，人们跟随着独创性的时代大潮，纷纷标新立异、另辟蹊径，展现独具特色的个性魅力，做独一无二的自己。无论是穿衣打扮还是行事风格都带有个性化的色彩，这给世界增添了无数亮色，但也不可避免地带来了个性的冲突和思想的碰撞。如果大家都能相互理解和包容，那么思想碰撞激发出的便是更为耀眼夺目的智慧火花；如果双方都不愿退让或调整变换角度，那么摩擦和冲突则可能挑起带着火药味的争端，给个性化的头脑带来灰暗的阴影，使本该大放异彩的思想降低了其原有的价值。

（三）互联网带来文化的冲突和融合

互联网正在消除种族之间的隔阂、民族之间的成见，对民族文化的冲击和挑战已经出现。互联网上信息传播的无界化加速了不同民族文化的交流与碰撞，加深了中西方文化间的相互作用和相互影响。一方面，西方的一些负面观念，如自我中心主义、拜金主义、享乐主义、无政府主义等可能借助文化的传播对我国青少年的人生观、价值观造成消极影响，对此我们应重视并提前做好教育和引导。但另一方面，只要我们有意识地防范不良思想的侵害，不断提高自身辨别良莠的能力，有选择性地接纳和吸收西方思想文化的精髓，综合权衡来看，互联网所带来的更加频繁的文化交流还是利大于弊。此外，不同国家、不同民族文化间的相互交流还能促进彼此之间的相互理解，不仅增强了民族文化的自我认同，有利于提升民族自信心和自豪感，而且有助于加强我们对异域文化的尊重和接纳，促进不同文化间的相互学习、相互借鉴，在求同存异中加强民族文化的有效融合与共同进步。

（四）互联网促使一种以读者为主体的文化体系确立

互联网的出现改变了文化团体和主办者支配读者的传统模式，他们将以读者为中心来决定其产品的内容、形式和生产周期。读者是这种新文化体系的主体，他们可以自由地选择、自由地欣赏文化的内容并支配文化产业的发展方向和发展形式。

四、对教育的影响

（一）互联网扩展了教育和科研的空间

互联网是伴随着教育和科研的需求发展起来的，它的发展也给教育和科研带来了新的机遇与挑战。随着网络的发展和普及，教育科研的空间也早已延伸到了这个新型的虚拟世界。目前，一些大学纷纷开办了线上大学，提供远程教育，使学生能够直接从网络平台下载课件，轻松地在网上做作业、提交成果，方便快捷地从网上下载论文、剪报、杂志甚至书籍，手机上网收听地道的英文广播、在线看原版英文电影，通过邮件方式进行提问答疑和师生交流，建立 QQ 群进行小组讨论，发布和分享各类报告、讲座的实时信息，互联网用户即使足不出户，也可以在网上拿到大学文凭。这无疑给教育带来了新的发展空间，互联网为科研的国际化创造了条件。学者们足不出户就能轻松准确地了解某一学术领域中最新的研究动态。召开一次大型的国际学术研讨会，与会者们不必再"万里奔袭"，也能与世界各国的学者们交流、分享各自的观点见解。这大大节约了学术研究成果交流和共享的时间及人、财、物力成本，提高了知识和智慧资源的利用效率。

（二）互联网冲击了传统的教育方式

在传统的教学模式中，教育者是教学活动的主导者，是信息传播的主体。互联网的出现为人们提供了巨大的信息宝库，教育者和被教育者都需要而且可以从这个宝库中获取信息，这会使学生对教育者的权威产生怀疑。另外，在网络时代，互联网的出现给教育提供了更为新颖、实用的教育方式，利用互联网的多媒体特性，可以把声音、图像、影视等信息搬进课堂，变平面为立体的教育方式，形象生动，感染力强，无论是对知识传授，还是对思想政治教育，都可以起到更好的教育效果。网上大学、远程教育的出现本身是一种新的教育形式，学生可以在经过认定的网上大学中注册，自主选择授课教师、学习内容和学习进度，目前已有超过 100 所大学允许学生通过网络修读课程，这为我们成为终身的学习者提供了优越的条件。但教育者的地位和角色也在发生变化，在传统的教学过程中，教师和学生是一种教和学的关系，但是在互联网时代，教育者更多的是引导学生如何去获取自己需要的信息，这种关系变成了引导与被引导的关系。

（三）互联网对传统书籍造成了冲击

互联网的普及大幅缩短了传统书籍的成书时间，增加了出版量，但也造成了学术风气的浮躁和肤浅，大量的引用和复述造成了思想的惰性和书籍质量的下降。人们对互联网便利性的依赖也对传统图书造成了强大的冲击。许多大学生的学习已经离不开笔记本电脑，很少再有同学会以读书的方式度过课余时间。网上浏览的涉猎面也许较传统图书要广，但其专业性和思想深度不一定够，而且网上多为二手甚至三、四手资料，只有回归到原始的传统图书，才能真正享受到阅读、理解、思考的过程，产生自己独到的思想和观点，达到思维训练和能力提高的目的。因而，在借助互联网方便地获取海量学习资源的同时，最好不要把陪伴我们成长的书本丢下。

五、对工作方式的影响

互联网使人们的工作方式焕然一新。人们可以不必整天坐在办公室里，而只需要通过笔记本电脑、IP 电话等就能实现工作要求的沟通。越来越多的 IT 人喜欢网上办公。而加入 SOHO 一族也日渐成为拥有专长的技术人才选择的工作方式，因为它免去了交通堵塞的烦恼，消除了同事间说笑扯皮的时间浪费，带来了时间支配的自由，提高了工作效率，平衡了工作与家庭间的关系。

六、对生活方式的影响

现代化的生活方式几乎样样都离不开互联网的协助。方便实惠的网上购物逐步走入寻常百姓家，上网浏览新闻、看电影、游戏、聊天等已成为许多人的休闲娱乐方式，互联网总能不断地带给人们惊喜、刺激和快乐体验。此外，各类专门网站提供的订票、订餐、订座、装修、咨询等服务，更使我们享受到了可预期的、高品质的生活。

七、对人际关系及心理健康的影响

（一）互联网增加了人们的交往方式选择和交往频率，但减少了实际的群体活动

互联网为人们提供了多样化、一对多、多对多的交往方式选择，QQ、微信、微博等，是人们和亲朋好友间常用的联系方式，甚至还是网上寻友、恋爱相亲的重要渠道。最新境遇的心情短语、灵便消息的邮件群发、逢年过节的短信问候，传递着天涯咫尺的关怀、感恩与祝福。但是过多地依赖于互联网的交往方式会导致人机互动取代人际互动，减少了真实的群体活动。单位集体活动、同学老乡聚会、假日结伴出游等越来越难组织，人们似乎已经习惯于书面化的对话方式和照片化的见面形式，真正要面对面地交流时反而觉得不那么自然。

（二）互联网带来心理健康问题

长期沉迷于网络的虚拟世界中，很容易使网民尤其是青少年患上"网络综合征"，表现为对网络的依恋、性情孤僻、自我封闭、逃避现实等，导致他们逐渐脱离现实生活，难以进行正常的人际交往，无法学习和适应新的环境。此外，网络上纷繁复杂甚至相互矛盾对立的观念还可能造成青少年网民的迷惘困惑，一些不良刺激还会使青少年表现出过度的叛逆性，不利于他们的健康成长。

八、对生存方式的影响

从现代科学技术的发展看社会历史化进程，社会技术变迁必然会引发社会形态的变迁并逐渐形成与之相适应的社会行为模式、社会结构和社会规范。当我们步入网络时代时，人们的生存方式也将发生重大的调整。主要表现为：（1）沟通方式的革命性变革，时空概念进一步淡化，人们的交往、学习、工作、娱乐将不再受时空的影响，人们可以同步共享信息，自由选择交流方式，自主地决定行为模式。（2）人们用于物质资料生产的时间相对较少，自由闲暇和自主支配的时间增多，人们对精神生活的

追求、对生活方式的选择日益增强，人们的生活方式将更具个性和多样化，而网络自身所显示出的个性化和多样性将使这种个性选择得以实现，人们的生活质量由于多样化和丰富性而不断提高。（3）人们将不自觉地受虚拟时空存在方式的强制性影响和被动性控制。作为信息技术的创造者——人，也再次转化为信息技术的异化物，人与人之间的交往模式被间接的人机交流取代，最终成为人机对话中的情感孤独者。

九、一些突出的负面影响

互联网是一把"双刃剑"，它在给人类社会带来方便高效的同时，也给人类社会带来了消极和负面的影响。

（一）信息垃圾泛滥

互联网是个开放的世界，没有了地域和国界的限制，也就缺少了对它的监督和管理。近年来，互联网上色情网站大有愈演愈烈之势，网络在给人们提供有用信息的同时，也成了传播色情资料的场所。据调查，互联网上的非学术信息中有47%与色情、暴力有关，这对热衷于互联网的青少年来说是极其危险的，一些自制力较弱的青少年由于好奇心或者冲动往往会刻意去寻找一些色情、暴力的信息。此外，裸体、女人等也是该网站上名列前十名的有关搜索关键词，现实生活中，本来很多色情信息我国青少年接触不到，但是通过互联网能够很容易得到，如花花公子杂志就可以在美国以合法的形式进入互联网，然后流入其他的国家。据了解，美国的一个著名博物馆在网上开设了一个网址，一周的访问量不到30万人次，花花公子网站一周的访问量却达到470万人次，其中青少年占有相当大的比重。有关文献中垃圾信息的比例超过半数的学科比例甚至高达80%，而且网上还有大量重复、抄袭、掺假、错位的信息，对于辨别能力不强的网民来说，网络是一个充满陷阱的文化阵地，过于庞杂的信息将严重降低公众对于主流思想文化的认同。加之网络信息制造成本的不断降低、网络信息传播的快速化和隐蔽化，垃圾信息的数量恐怕只会有增无减。无怪乎学者戴维·申克感叹："生活在网络世界中的人们已经被'信息烟尘'所湮没。"

（二）网络不法行为增加网络道德缺失

行为主体的相对隐蔽性是互联网使用过程中的一个重要特性，互联网把人的身份变成了一串符号，任何人都可以用不同的姓名、性别、年龄来实施其网络行为，这样就失去了现实交往中道德与法律的制约，导致网络不道德行为和犯罪行为的增多。一些不法"黑客"成为互联网上的一颗大毒瘤。他们肆意破坏和篡改他人的数据信息系统、盗窃公共安全信息和居民个人隐私、传播并炒作虚假信息、进行网络诈骗等，给公共和个人的财产、名誉、隐私等安全带来了巨大的威胁。如此猖獗的网络犯罪活动给网络道德教育敲响了警钟。因此，许多网络和教育专家纷纷呼吁：加强网络立法，加强网络道德教育已经势在必行。司法部门、教育部门、网络技术开发和信息管理等部门必须联手行动，遏制这股互联网黑流，加强网络道德以及对网络犯罪分子的打击惩处力度，从根源上控制互联网给社会带来的危害。

（三）审美的麻木和感受美的能力的下降

互联网上高超的信息加工技巧使各类图片、音像资源的光影声组合效果近乎完美，看惯了这类经过精心处理的材料，当网民们置身于现实世界中时将不可避免地产生巨大的心理落差，失去对自然之物的欣赏能力。另外，互联网营造的虚拟世界中充满了新奇与刺激，但长期沉迷于此，会导致人们对现实生活的麻木和感知能力的下降。虚拟世界的确有其吸引人的妙处，但现实生活中同样不乏美的享受，而且它更平实、恬淡，值得人更长久地去品尝和回味。如果因为沉迷于网络而丧失了对真实的美的感受能力，岂不是得不偿失吗？

互联网改变了传统的人际交往方式，互联网使人际交往的机会大量减少。在互联网世界中，他们可以凭借电脑来交谈、沟通、建立彼此之间的关系，甚至可以恋爱，可是在现实社会中，他们即使相遇也只会形同陌路。通过互联网构建的所谓虚拟世界以及虚拟社区，会进一步造成人际关系的虚拟化。

（四）价值观冲突

各个国家所传播的网络信息都是代表自己国家、民族立场的，其根本目的仍然是为本国和本地区的政治、经济利益服务。由于网络发展的不平衡性，必然形成以少数发达国家语言、思想、文化价值观为核心的全球网络传播体系。青少年在网络中接触到的也多是发达国家的宣传论调和文化思想，这些与本国的传统文化价值理念往往不是相符的，极易造成其人生观、价值观的冲突。

互联网的普及对人类社会的影响是广泛而深远的，涵盖了政治、经济、思想文化、教育以及人们的工作和生活方式、生存方式、人际关系和心理健康等人类生产生活的各个方面。网络时代的到来，给网络安全、青少年教育等都带来了一定的冲击。应该说，网络作为一种艺术，它本是中性的，没有好坏之分，它会给人类社会、人类文明带来什么样的后果，最关键在于人类怎样去使用它。因此，在未来的互联网发展中，研究怎样利用它为人类生活更好地服务，扬长避短，才是我们真正需要面对和解决的问题。面对互联网普及的趋势及其带来的有利和不良影响，我们应该顺应科技发展的历史潮流，积极主动地学习和掌握好作为现代人所必备的网络知识，在实践中提高辨别有益资源和有害信息的能力，并不断加强自身的网络道德修养，自觉抵制不良诱惑和西方腐朽思想的侵蚀。社区、学校、政府等部门也应采取相应的措施，加快网络教育基地和网络服务体系的建设，坚决打击网络中的各种不法行为，为广大网民创造一个更加安全、健康的网络环境。

第二章 网络文化建设

网络文化是一把"双刃剑",一方面继承和发扬了我国的传统文化,并在原有文化的基础上发展了新文化,大大外延了"文化"的内涵疆域,丰富了与时俱进的时代印记,赋予了"新时期文化"的使命担当,是满足新时期人民日益增长的美好生活需要的重要元素;另一方面网络文化不平衡不充分,太过自由浪漫地存在与发展,对沿袭多年的传统文化提出了挑战。网络欺诈、网络垃圾、网络恶搞、网络色情等网络负文化层出不穷,网络文化安全不断受到威胁,网络文化危机日益紧迫。正视我国网络文化发展建设进程中存在的问题,加强网络文化法律建设、法规完善、行业引导和公民自律等迫在眉睫。唯有强化管理机制,弘扬主流文化,营造和谐生态,秉承网络道德,才能够真正建成中国特色的网络强国。

对于互联网空间与网络文化建设的新时代要求,习近平总书记指出,当前我国在"互联网建设管理运用不断完善⋯⋯主旋律更加响亮,正能量更加强劲,文化自信得到彰显,国家文化软实力和中华文化的影响力大幅提升"等思想文化建设取得重大进展。面对当前我国全面建成小康社会决胜阶段、中国特色社会主义发展关键时期等新时代发展要求,习近平总书记强调,要深入分析当前国际国内形势,全面把握党和国家事业发展新要求和人民群众新期待,紧扣"网络强国""数字中国""智慧社会"的新时代主题,在"牢牢掌握意识形态工作领导权"中"高度重视传播手段建设和创新,提高新闻舆论传播力、引导力、影响力、公信力。加强互联网内容建设,建立网络综合治理体系,营造清朗的网络空间",在"全面增强执政本领"中"善于运用互联网技术和信息化手段开展工作。增强科学发展本领,善于贯彻新发展理念,不断开创发展新局面",在"培育和践行社会主义核心价值观"中"发挥社会主义核心价值观对国民教育、精神文明创建、精神文化产品创作生产传播的引领作用,把社会主义核心价值观融入社会发展各方面,转化为人们的情感认同和行为习惯,在"坚持和平发展道路,推动构建人类命运共同体"的构想中,习近平总书记提出,要注意恐怖主义、网络安全、重大传染性疾病、气候变化等非传统安全威胁持续蔓延,人类面临许多共同挑战",从而实现"当代中国共产党人和中国人民应该而且一定能够担负起新的文化使命,在实践创造中进行文化创造,在历史进步中实现文化进步"。

习近平总书记的上述重要论断,指明了我国当下和未来网络空间治理与网络文化建设的方向。因此,我国网络文化建设应当在注重文化安全、强化管理机制、弘扬主流文化、营造和谐生态和保护知识产权等几个方面努力。

第一节　注重文化安全

网络文化安全宏观政策与环境状况是当下全世界面临的紧迫问题，包括中国在内的世界各个国家和地区都将网络文化安全放在最重要的位置。世界各国从政策立法、制度机制、行动指南以及项目实施等方面进行了全面系统的建设。世界经济合作与发展组织（OECD）在 2003 年就实施了"文化安全"指导方案，在 30 个成员国中建立高优先级的安全规划与管理制度，以解决成员国对网络风险暴露和对信息系统的威胁的担忧。为了维护网络文化安全，中国出台了一系列相关的法律、法规、法案和条例。如《全国人民代表大会常务委员会关于维护互联网安全的决定》《中华人民共和国电信条例》《互联网上网服务营业场所管理条例》《计算机信息网络国际联网安全保护管理办法》《中华人民共和国计算机信息网络国际联网管理暂行规定》《互联网文化管理暂行规定》《中华人民共和国网络安全法》等 30 部法律法规和部门规章，但与中国网络文化的迅猛发展相比，相关法治建设滞后相当突出。2011 年 5 月中国国家互联网信息办公室挂牌成立，这是加强网络管理的重要举措，是在"三网合一"背景下推进三网融合，构建一体化的安全管控体系。

一、顶层设计

世界各国都高度重视网络文化安全顶层设计。截至 2014 年，全球已有 40 多个国家或地区颁布了相关网络空间国家安全战略。其中，美国先后出台了《网络安全框架》等 40 多份与网络安全有关的文件，并成立"网络办公室"，直接对总统负责。日本于 2013 年 6 月制定了《网络安全战略》，首次明确提出"网络安全立国"。印度于 2013 年 5 月颁布了《国家网络安全策略》，提出"安全可信的计算机环境"的理念。

我国是最大的发展中国家和网络大国，加强网络文化安全顶层设计，出台国家网络安全战略，是我国维护网络空间主权、安全和发展利益的必然要求，更是国家建设"网络强国"战略的必由之路。

我国政府发布的《2006—2020 年国家信息化发展战略》将"建设先进网络文化"作为战略目标，明确要求"加快推进中华民族优秀文化作品的数字化、网络化，规范网络文化传播秩序"，加强网络文化安全的管理能力。2016 年 11 月，《中华人民共和国网络安全法》的正式颁布，是我国网络文化安全史上具有划时代意义的一座里程碑，是保障国家网络文化安全的重要顶层设计，为维护网络文化空间主权，促进网络信息健康发展和网络文化繁荣昌盛提供了更高层次的法律依据，我国国家网络文化安全建设必将迎来新的图景，国家网络文化安全各项保障工作也将在法律的准绳下、在战略的指引下呈现新态势、取得新进展、开创新局面。

二、挑战自我

数字时代随着智能传播技术迭代发展，网站自身面临着一系列问题和挑战，互联网等业余媒介（amateur-media）的扩张造成文化平庸（culture of mediocrity），网络信息数据激增会造成信息质量下降，出现了"信息疫情"等现象，网络文化和网络安全问题层出不穷，譬如权威机构、媒介工作者素质下降甚至形成文化腐朽。国内学者们还发现，网络文化安全问题还包括网络文化对传统文化、道德价值观念与社会主义意识形态的冲击与挑战等方面，导致这些问题的原因主要集中在管理方式、法治工作、行政效能、网络技术等方面。

当前，我国网络文化自身具有虚拟性与现实性、即时性与互动性、多元性与包容性、群体性与极端性、娱乐性与宣传性等复杂的特点，造成了传统文化被扭曲、社会法制被挑战、国民价值观被误导和意识形态安全遭到威胁等问题，网络文化治理体系和治理能力建设任重而道远，唯有挑战自我、突破传统、自我革新、创新发展、实现超越，方能把握时代脉搏，紧跟时代步伐，成就文化繁荣。

三、素养提升

对于数字时代的网络文化安全，加强网民媒介素养教育显得尤为重要。传播学者克罗斯曾提出，"谣言＝事件的重要性 × 事件的模糊性 × 公众的批判能力"，这意味着公众的判断水平在网络谣言的传播中具有重要作用。

社交媒体时代，每一位公民被赋权为双重身份，既是传者也是受者，在人人都能言说的数字时代，提高个人媒介素养，不断提升个人信息判别能力，理性衡量个人新闻立场，努力增加个人对谣言的免疫力。此外，国家公职人员的媒介素养显得尤为重要。数字时代，人人都是记者，人人也都有可能成为受访对象，作为国家权力的执行者，国家公职人员的一举一动代表权威代表官方，公务员队伍特别是新闻发言人队伍的媒介素养水平，在网络文化治理中显得尤为关键。

同时，提升网络文化素养应倡导群众自律，加强网络文化管理人才选拔与培训，普及网络安全教育。世界上很多国家特别是发展中国家都非常重视网络媒介素养的教育和培训，比如美国密苏里州哥伦比亚市的一所普通学校 Lee Elementary School，学校教育中高度重视网络素养教育，以尊重网络时代儿童的探究本性，发展儿童的探究意识，提升儿童网络探究能力为根本，将儿童的网络素养教育融入学科探究，融入儿童的网络探究实践活动之中。提升网络文化素养，需要社会教育系统从小培养，将网络媒介素养教育融入学校日常教育体系。中国大学生网络文化素养培养工作要与校园网络文化建设相结合，将网络安全意识引导、网络体制机制建构、软硬件设施完备等方面，开展大学生网络文化素养的培养工作，并从执行、内容和保障三个维度创新开展校园网络文化建设。

四、技术创新

网络空间不是自然空间，是科技文明创制的人造领域，技术是其建筑工艺，也是支撑材料。通过突破基础技术、通用技术、非对称技术、前沿技术和颠覆性技术，不断提升国家网络安全技术创新能力，是我国从网络大国走向网络强国和数字强国的内在源泉。大道至简，对于网络信息安全这个复杂问题，技术创新能力总体设计适宜采取"上接其高、下夯其实，撑得中间宽阔；中取核心、重在可控，谋非对称制衡"的技术发展路线图，方能实现国家创新而不就虚、协调而不损益、开放而不失防、绿色而不盲目、共享而增特色的总体要求和建设目标。

从网络空间安全角度考虑网络文化安全技术问题，特别是考虑网络文化载体多媒体化性质，围绕网络文化安全国内外输入和输出两方面进行技术保障研究，包括网络文化安全语义理解、内容检索和鉴别，以关联挖掘为基础进行信息聚合构建网络文化安全知识图谱，基于知识图谱的网络文化安全分析和预警等相关技术研发和系统构建。

通过构建基于知识图谱的网络文化安全智能监管关键技术研究，科学定义网络文化安全分级分类标准，确定其属性及功能，利用可视化的图谱形象来展示网络文化产业的核心结构、发展历史、前沿科技以及整体知识架构，把复杂的网络文化知识领域通过数据挖掘、信息处理、知识计量和图形绘制而显示出来，从不同角度分析不同概念及其之间关系，揭示网络文化产业及传播形态的隐性规律，适应现代社会发展强大的大数据及其存储、计算平台、移动互联网的趋势，使网络文化大数据的大爆发通过快速的电子数字化、人工智能检索的手段，促进新媒体技术与文化主体交融，不断提高网络文化传播过程数字化、信息化、虚拟化、智能化水平，进一步提高网络文化安全态势智能监管的实时性和精准性，使最大范围的受众获得更安全的网络文化服务。

第二节　强化管理机制

网络文化建设要法规先行，强化管理机制。党的十八大以来，以习近平同志为核心的党中央高度重视网络文化建设与发展。习近平总书记指出，"我们要本着对社会负责、对人民负责的态度，依法加强网络空间治理，加强网络内容建设，做强网上正面宣传，培育积极健康、向上向善的网络文化，用社会主义核心价值观和人类优秀文明成果滋润人心、滋养社会，做到正能量充沛、主旋律高昂，为广大网民特别是青少年营造一个风清气正的网络空间"。

强化网络文化管理机制，加强网络法治建设，需要加快形成法律规范、行政监管、行业自律、技术保障、公众监督、社会教育相结合的互联网管理体系，加强对社交网络和即时通信工具等的引导和管理，规范网上信息传播秩序，培育文明理性的网络环境。加大网上个人信息保护力度，建立网络安全评估机制，维护公共利益和国家信息安全。

加强网络文化建设和管理，充分发挥互联网在我国社会主义文化建设中的重要作用，有利于提高全民族的思想道德素质和科学文化素质，有利于扩大宣传思想工作的阵地，有利于扩大社会主义精神文明的辐射力和感染力，有利于增强我国的软实力。我们必须以积极的态度、创新的精神和务实的干劲，大力发展和传播健康向上的网络文化，切实把互联网建设好、利用好、管理好。中国网络文化建设，是我国社会主义文化强国的重要组成部分，事关中华民族伟大复兴的宏图大计，需要从政策法规、技术监控、自律引导和行为规范等方方面面做好系统工程的筑建。

一、法规先行

完备的政策、法律法规是有效建设和管理网络，积极预防、遏制各种网络不规范行为影响的关键。自互联网接入中国大陆以来，我国有关部门已经在网络文化建设方面出台了很多文件，采取了许多行之有效的措施，也收到了一定成效。

我国于 1996 年颁布了《中华人民共和国计算机信息网络国际联网管理暂行规定》，先后制定和发布了《计算机软件保护条例》《中华人民共和国计算机信息系统安全保护条例》等行政法规。1997 年，《中华人民共和国刑法》中增加了针对计算机犯罪的惩罚规定。2000 年国家出台了《互联网信息服务管理办法》，对网站内容、信息的传播作出了明确规定，其中就有对"散布谣言，扰乱社会秩序，破坏社会稳定的；散布淫秽、色情、赌博、暴力、凶杀、恐怖或者教唆犯罪的；侮辱或者诽谤他人，侵害他人合法权益的"进行法律制裁。

此后几年间，我国陆续出台了一系列内容广泛的互联网建设文件，但是其中法律法规数量少，部门规章及其他规范性文件多，行政性立法多，民商事方面的立法少。由于互联网是新兴事物，发展历史短，技术更新快，政府管理互联网经验不足，相关互联网立法仍显得相对不成熟，因此还存在"立法层级低、重管理、轻保护、协调性差，出现与相关法规相冲突"的情况，立法还存在较多空白点，网络传播立法建设远远滞后于网络传播本身的发展速度，也落后于西方发达国家的网络立法发展完善程度。

为保护网络信息安全，维护公民、法人和其他组织的合法权益，维护国家安全和社会公共利益，2012年12月28日，第十一届全国人民代表大会常务委员会第三十次会议通过了"全国人民代表大会常务委员会关于加强网络信息保护的决定"，为新时期我国网络文化发展建章立制。

2016年11月7日，《中华人民共和国网络安全法》正式发布，旨在保障网络安全，维护网络空间主权和国家安全、社会公共利益，保护公民、法人和其他组织的合法权益，促进经济社会信息化健康发展，自2017年6月1日开始实施。

《中华人民共和国网络安全法》明确指出，国家坚持网络安全与信息化发展并重，遵循积极利用、科学发展、依法管理、确保安全的方针，推进网络基础设施建设和互联互通，鼓励网络技术创新和应用，支持培养网络安全人才，建立健全网络安全保障体系，提高网络安全保护能力。国家制定并不断完善网络安全战略，明确保障网络安全的基本要求和主要目标，提出重点领域的网络安全政策、工作任务和措施。国家采取措施，监测、防御、处置源于中华人民共和国境内外的网络安全风险和威胁，保护关键信息基础设施免受攻击、侵入、干扰和破坏，依法惩治网络违法犯罪活动，维护网络空间安全和秩序。国家倡导诚实守信、健康文明的网络行为，推动传播社会主义核心价值观，采取措施提高全社会的网络安全意识和水平，形成全社会共同参与促进网络安全的良好氛围。国家积极开展网络空间治理、网络技术研发和标准制定、打击网络违法犯罪等方面的国际交流与合作，推动构建和平、安全、开放、合作的网络空间，建立多边、民主、透明的网络治理体系。国家网信部门负责统筹协调网络安全工作和相关监督管理工作。国务院电信主管部门、公安部门和其他有关机关依照本法和有关法律、行政法规的规定，在各自职责范围内负责网络安全保护和监督管理工作。

二、技术制约

网络文化秩序的维持必须依靠技术制约，"魔高一尺，道高一丈"方能正本清源。网络技术创造了空前浩瀚多姿的网络文化，也给网络文化监管带来了一个又一个新课题。每一次的技术创新，都会让管理部门重新思量突如其来的网络文化新现象、新问题，必须及时修订管理条例，寻找新的技术支撑。由此，我们必须注重网络安全、网络监控、网络拦截技术的研究、开发和应用，保障网络信息安全、真实和纯净，确保网络传播通畅。

网络技术支撑要在身份认证方面严格设立准入资格，能够确定网络行为主体的真实身份，网络管理应和公安机关密切配合，身份数据虚假限制进入网络，使网络社会角色由显在的"虚"和隐在的"实"相结合，网络安全技术和网络加密技术提供了对身份确认的技术基础。

网络舆情监测是一项新兴的网络技术，受到各方面重视，数据应用和监测水平逐年提高。这项技术的应用可以参照我国网络文化消费人群的年龄、职业、性别、文化程度和地域等的差异化舆情反馈，为今后的网络文化分类管理提供一些参数和指标。例如，网络视频能否像欧美国家那样实行分级制度，政府网站和媒体网站等主流文化网站的文化建设还有哪些方面需要加强，中国网民还有哪些最主要的文化需求，如果这类需求国内中文网站很难满足，一般可以在哪些外文网站摄取等。

网络社区是一个重要的网络文化传播窗口，需要网络技术专家即时监控与维护，工作量巨大。这类日常工作主要包括程序编制与维护、空间更新与维护、脚本文件修改、文件上传和安装等，同时，还要不断研发新技术来应对黄色淫秽信息、血腥暴力信息、垃圾邮件等的恶意攻击，以保证社区居民的合法权益不受侵害。网络社区的技术支持除了掌握物理安全技术、攻击检测与系统恢复技术、访问控制技术、防火墙技术、病毒防治技术、数据库安全技术、密码体制与加密技术、认证技术以及网络安全管理技术等之外，还需要随时关注网络社区的文化动态，应用最先进的网络技术防患于未然。

三、自律引导

网络文化建设需要在政府监管和技术支撑的背景下，坚持网络信息传播的高度自律。自律思想和意识关系到用户和业界网络传播的思想境界、道德品质和精神状态等，端正用户的价值导向，实施严格的管理规范，使用科学的技术方法，唤起用户和业界理智的觉醒尤为重要。

网络文化建设需要提高整个中国互联网业界内外的素养，正确使用和有效利用网络的知识、能力、意识和行为观念，包括相关知识技能，也包括在使用网络时所持的态度、道德取向、价值观念和行为准则等。在互联网所创造的新环境中，独立学习和消化新媒体的能力和新媒体创新意识、批判精神及社会责任感和文明意识等，都属于网络素养教育的范围。

网民是网络文化建设的主体之一，网民的文化素质的高低，网民的文化价值取向，在很大程度上影响和决定着我国网络文化建设的水平。因此，网民的网络素养培育，在网络文化建设中十分重要。在我国当前庞大的网民群体中，绝大部分都是年轻的网民，他们年轻，思想活跃，探索欲和求知欲都比较强，但社会阅历和经验不足，缺乏自控力和自律性，更需要良好的网络素养的引导。

伴随着网络的日益普及，各种网络不良现象对网民的影响引起了社会各界的高度重视。网络道德意识成为网民道德意识建设的重要环节，培养网民尤其是青少年网络素养的重要方面。网民在使用网络时应该时刻提醒自己：网络世界也有道德规范，使用网络，参与网络活动要遵守基本道德要求。现实生活中的基本道德规范和行为准则也适用于虚拟的网络空间。由于网络的特殊性，网络道德意识更需要强调某些道德内涵和行为规范。其中，尊重、自律、诚信是网络道德意识方面的核心内容，网民在使用网络时应该做到尊重他人、严格自律、诚实友好。

提高网络媒介信息敏锐分析能力和客观评价能力，对提高行业自律水平大有裨益。网络媒介不仅能够及时提供海量信息，还可以通过文本、图像、音视频等方式对新闻事件进行全景化、立体式呈现，但网络信息制作人也必然将自己的立场和价值取向渗透进传播内容。同时，海量的网络信息更新频繁，网民所接触的信息往往缺乏条理和逻辑，这就要求网民能够"去伪存真""去粗取精"，对网络媒介信息进行客观的评价和敏锐地捕捉。

中国互联网协会遵照"积极发展、加强管理、趋利避害、为我所用"的基本方针，于 2004 年制定了《中国互联网行业自律公约》，为建立我国互联网行业自律机制，规范从业者行为，依法促进和保障互联网行业健康发展发挥了积极作用。为表彰互联网从业单位在开展行业自律、推动我国互联网行业文明健康发展中所做出的努力和贡献，2016 年，中国互联网协会组织开展了"2014—2016 年度中国互联网行业自律贡献奖"评选工作，新华网、央视网（中国网络电视台）、新浪网、爱奇艺等 30 家单位获得嘉奖，弘扬了"行业自律"良好风尚。

第三节　弘扬主流文化

中国网络文化建设，就是要弘扬中国特色社会主义主流文化，发展健康、持续、和谐的具有中国特色的互联网文化，融入政治全球化与经济一体化竞争与合作，增强国家文化软实力，强化与扩大中国的国际影响力，实现中国互联网文化强国，为中华民族伟大复兴贡献力量。

网络文化建设首先要具有使命担当，政府网络、媒体网络和大中型国有企业网络等应该"身先士卒"做出表率，占领中国网站文化建设制高点，引领中国网络文化建设的主流形态，成为网络文化正生态中的亮丽风景。

政府网络、媒体网络和大中型国有企业网络等的网络文化形式与内容，是我国网络文化的主流先导，是对外文化宣传的重要名片，只有传播内容契合国情民意，传播渠道丰富多样，网站及 APP、新闻客户端的访问量不断扩大，知名度和美誉度才能不断提高。

中国是一个负责任的大国，对全球文化输出的贡献义不容辞。每一个民族的起源必然离不开一种文化的孕育，当今，我们的民族要复兴，文化需发力，我们民族的生命力就必然也必须熔铸先进文化的活力。

加强网上思想文化阵地建设，不遗余力弘扬主流文化，是社会主义文化建设的迫切任务。要认真贯彻积极利用、科学发展、依法管理、确保安全的方针，加强和改进网络文化建设和管理，加强网上舆论引导，弘扬网上思想文化主旋律。实施网络内容建设工程，推动优秀传统文化瑰宝和当代文化精品网络传播，制作适合互联网和手机等新兴媒体传播的精品佳作，鼓励网民创作内容健康的网络文化作品。支持重点新闻网站加快发展，打造一批在国内外有较强影响力的综合性网站和特色网站，发挥主要商业网站建设性作用，培育一批网络内容生产和服务骨干企业。发展网络新技术、新业态，占领网络信息传播制高点。广泛开展文明网站创建活动，推动文明办网、文明上网，督促网络运营服务企业履行法律义务和社会责任，不为有害信息提供传播渠道。

一、树立文化强国概念

"中国互联网文化强国"是中国逐渐走向世界舞台中央的重要标志，它将十六大以来"工业化促进信息化，信息化带动工业化"的战略部署提升到一个更高的境界，与"扎实推进社会主义文化强国建设"构想一脉相承，是党的十八大报告指出的"要丰富人民精神文化生活，加强和改进网络内容建设，唱响网上主旋律"的理论细化与深化，是习近平总书记在十九大报告中提出的"坚持和平发展道路，推动构建人类命运共同体"的文化彰显。"中国互联网文化强国"，追求文化繁荣与兴盛，是中华民族伟大复兴的应有之义，是实现"中华民族伟大复兴中国梦"的重要支撑。

2012年12月，习近平总书记在视察腾讯企业时提出："现在人类已进入互联网时代这样一个历史阶段，这是一个世界潮流，而且这个互联网时代对人类的生活、生产、生产力的发展都具有很大的进步推动作用。"

应该看到，中国传统报纸、广播、电视文化传播与欧美发达国家有着明显差距，无论是传统媒体的发展历史和品牌影响力，还是受众规模和传播内容，都在短时间内无法追赶，也可能失去追赶的机会。因此，有必要通过网络新媒体和手机新媒体等蹊径，站在与世界同步的传播起点，充分利用中国国力增强和经济影响力扩大的良好机遇，实行文化突围与渗透。中国互联网文化强国的理论探求，可以构筑电信传播学这门全球新兴学科，给中国互联网文化强国插上理论的翅膀，飞跃到更高境界。

二、政府网络示范作用

我国政府重视政府网络文化建设，制定了相关的政策、法规，为政府网络文化的发展创造良好的社会环境。我国政府的政策、方针以及法律法规的指引，保证了政府网络文化的正确形成和发展方向。政府网络文化不是一种自然文化，而是一种人文的文化，因此就更加依赖于政府的影响作用。各级政府及早地树立起政府网络文化意识，及时对政府网络文化的形成进行干预，有利于保证政府网站文化能够顺应主流文化的发展潮流，朝着健康有序的轨迹顺利前行。

政府网络文化的示范引领，需要各级政府网络牢固树立文化意识。要积极响应中央的号召，严格按照上级的要求，结合本地实际，进行政府网络文化建设。习近平总书记的重要讲话，是政府网络文化的指路明灯，中央指导是先决条件，各级政府网络在建设和管理的过程中，牢固树立政府网络文化意识是建设成败的关键。

政府网络文化的示范引领，需要广大民众的共同努力。各级政府是政府网络的建设主体，民众是政府网络的使用主体，失去民众的关注和支持，政府网络的建设就失去了存在的意义。网络文化具有开放性的特点，民众具有网络文化选择的权威性。政府网络文化作为网络文化的一种，同样也面临着被选择的处境。引导广大民众树立正确的政府网络文化意识，一方面可以促进政府网络文化建设，另一方面可以实现政府与群众之间的良性互动。

三、开掘媒体网站内容

媒体网络是泛指包括报纸、杂志、广播、电视等传统大众传播机构建立的官方网站，如新华网（新华社主办）、人民网（人民日报主办）、央视网（亦称中国网络电视台，中央电视台主办）和国际在线（中国国际广播电台主办）等以及手机终端、车载终端等移动客户端新媒体。报纸、杂志、广播、电视大众文化是商业文化和大众传媒、技术传播共同制造的"神话"，是一种多元文化共存中的大众文化。在中国的具体环境中，呈现为主导文化、高雅文化、大众文化杂糅共存局面，构成了当代媒体文化的主体风貌。

媒体网络是党和国家的喉舌，文化现象林林总总、满目斑斓，是网络主流文化的主要源流。在媒体网络文化构建过程中，各级各类媒体机构能够从自身的职责出发，坚决抵制网络传播中所出现的不健康、不道德和误导性强的垃圾信息，用正确的舆论引导受众，用正确的信念鼓舞受众，以正确的姿态引领受众。因此，大力建设媒体网站的绿色文化，挖掘媒体网站的内容资源，是当下也是今后很长时间内中国媒体网络最根本的也是最重要的努力方向，是建设中国主流网络文化的重要支柱。到2009年时，中国广播电视网站已达到398家，大部分报纸杂志也都建立了自己的媒体网站，成为中国绿色文化、把关人文化、亲民文化、音视频文化，以致成为中国互联网文化强国的示范窗口和主力军。央视网、国际在线和中国广播网等不仅充分利用广播电视台既有的栏目节目，挖掘出库存多年的"老片"，将其分类整理，而且将被淘汰出局的原生态节目素材创新梳理，在网络上播放，增加了媒体网络文化的底蕴与内涵。

作为国家重点新闻网站的排头兵，人民网坚持"权威、实力，源自人民"的理念，以"权威性、大众化、公信力"为宗旨，以"多语种、全媒体、全球化、全覆盖"为目标，以"报道全球、传播中国"为己任。

央视网是我国广播电视网络建设的佼佼者。2006年，央视网在充分调研的基础上，收回了中央电视台各个频道和栏目与其他网站的合作关系，"召回"名编、名导、名在外主持的"博客播客"专栏等文化资源，经过精心改版升级，充分整合了中央电视台丰富的图片视频资源，发挥出名主持、名记者、名编导的号召力，强化了现代网络技术的互动效果，增强了与受众的零距离沟通，实现了传统电视媒体与新型媒体最大限度的珠联璧合。

国际在线成立以来，尤其是2006年再版之后，适度适时地开展事件营销，以"大跃进"的速率发展。近年来，国际在线充分运用"国际"优势，彰显"语言"魅力，将大型活动进行到底，中国国际广播电台吉林行、河南行、辽宁行、安徽行、西藏行等，台网联动，收到了出乎意料的效果。中西文化之旅、中俄友谊之旅跨越国界，使中国文化名扬海外。

传统媒体拥有一大批固定的受众，当其"上网"以后会延续其原有影响力，使广大受众更便利、更直接地参与和关心媒体网站的内容，提出整改意见和建议，成为新的文化亮点。报纸、杂志、广播、电视将其文字、图片、影音节目、新闻娱乐资讯等内容加以整理，汇集到媒体网站上，使传统媒体文化在网络中生存并得到新的传播与发展，资源利用率也大大提高。

与商业门户网站相比，媒体网站可以衍生出新的文化形态，包括把关人文化、亲民文化、音视频文化、延伸文化和流行文化等。以央视网为例，该网站为央视的传统电视文化在网上提供了生存的空间。在央视网上可以收看中央电视台的所有节目，受众可以通过点播、直播的形式收看，而其论坛、博客、主持人空间也引起受众越来越多的关注。广播电视网站给予了受众与传统广播电视媒体的互动机会，使传统广播电视文化真正在网上生根发芽、发展壮大。

第四节　营造和谐生态

网络生态系统是一个动态的、自由的、开放的、有机的平衡系统，这种平衡是依靠其内部各组成部分之间以及系统与外部环境之间相互联系、相互作用，并且通过不断调整系统内部的结构和功能得以实现的。

搞好网络文化建设，改善网络生态环境，包括区域政治环境、经济环境、人文历史环境等外部生态，也包括不同类型和不同层级的网络结构比重和品牌影响力，还包括不同层级不同类型网站中所蕴含的文化构比和受众人群，既要考虑互联网本身所特有的文化创造力和另类文化风景，又要牢记中华民族伟大复兴与中国互联网文化强国密切关联的长期而艰巨的历史使命，营造全球一体的和谐网络文化生态。只有在良好的网络生态环境中，才能培养出健康的、积极向上的网络文化，才有机会和可能将光辉灿烂、源远流长的中华文化发扬光大。

一、铸造主流网络品牌形象

网络文化生态的和谐发展，亟须塑造政府网站、媒体网站和大中型国有企业网站等主流网络文化品牌形象，突出其应该的位置和功效，从而改变整个网络文化体系的传播比例格局，营造新型网络文化生态。

我国主流网络文化的品牌影响力与西方发达国家的主流网络文化有着明显差距，无论是主流网站的综合排名，还是每百万人中访问该站的人数以及每百万被访问网页该站的网页数等参数指标都有差距。我国现在的政府网站、媒体网站和国有大中型企业网站及APP、新闻客户端等的新媒体文化建设依然任重道远，有必要加大品牌塑造力度和强度，尽快提升品牌号召力和影响力。

二、冷静审视网络文化现象

互联网进入寻常百姓家以来，诞生了很多文化现象，发生了一些传统文化所不能够容忍的事件。从生态学的观点看来，一切实属正常，无须大惊小怪。唯有把各种网络文化现象都当作生物进化的必然产物，兼收并蓄，和谐共存，方能万物繁荣，百花齐放，百家争鸣。

另一方面，当网络语言越来越成为一种大众化的日常表达时，其粗鄙化倾向会不会对现代语言造成影响。对此，我们不仅要相信网络的自我净化能力，也要看到语言——不管是日常用语还是网络流行语，其实都是社会状况的晴雨表，而现代化本身就是一个世俗化的过程。

三、冷眼看待网络文化人物

网络文化的兴起，让一个又一个热血青年意欲在网络中大展身手，打上文化标签，摇身一变成为网络文化人物。这些新一代的文化人物与过去传统的文化人物截然不同，他们展现着独特的气质。他们中间既有网络文学创作者，是典型的新生代文学青年，他们为广大网民书写另类的乡草作品，铺垫着他们自己的文学梦想，也有唯利是图的网络水军、网络黄军和网络暴君。因此，冷眼看待网络文化人物，鼓励有为文学青年运用互联网的全球互联互通功能，创造出更为辉煌灿烂的中国文学作品，壮大中国文化影响力，同时要通过各种手段做好"水军"、"黄军"和"暴君"的转化工作，使之沿着有利于和谐网络文化生态建设转移。

第五节　保护知识产权

互联网是文化传播和文化生产的工具和手段，网络文化生态把网络、社会、人有机地联系在一起，形成三位一体的系统，组成人与网络、网络与社会、网络人与网络社会的新型关系，成为人有、人治、人享的知识海洋，使我们生存的文化空间更有利于人性的复归，有利于人的价值的实现。对于这样的系统，我们追求的不是单方面的最优化，而是相互关系的最适化，以最科学、最合理的方式协调地、平衡地和谐发展。

网络生态系统内在的自我调节能力和对破坏因素的忍耐力都是有限度的，一旦超过这个限度，调节能力就会受到限制，生态将失去平衡，网络生态环境将受到破坏。保护网络文化知识产权，是协调各方利益关系最好的平衡器。

网络文化知识产权，指的是由数字网络发展引起的或与其相关的各种文化知识产权。网络文化知识产权除了传统知识产权的内涵外，还包括数据库、计算机软件、多媒体、网络域名、数字化作品以及电子版权等，外延已经扩大了很多。网民在网络上经常接触的电子邮件公共利益、在电子布告栏和新闻论坛上看到的信件，网上新闻资料库，资料传输站上的电脑软件、图片、音乐、动画等，都作为网络文化作品受到著作权的保护。

网络资源相对于传统的文字资源有着自己的特征。一是数字化、网络化，全球互联共享；二是信息量大、种类繁多，传载和接收的信息以海量计算；三是信息更新周期短，网络信息节省了印刷、运输、音视频拍摄剪辑等环节，数据可以及时上传；四是资源庞大，开放性强，信息资源不受地域限制，任何联网的计算机都可以上传和下载信息，组织分散，缺乏全世界统一的管理机制和机构。

网络信息资源的这些特征决定了网络文化知识产权具有与传统知识产权完全不同的特点，如知识产权具有专有性，而网络文化知识产权的保护涉及公开、公共的信息，知识产权具有地域性，而网络文化知识产权则是全球化无国界的。

在互联网多元文化的交流碰撞中，网络文化知识产权保护越发重要。因此，要想弘扬传统文化，就要面对网络发展的现状，创建有助于弘扬我国优秀传统文化的网络文化生态。建设良好的网络文化秩序，就要加强网络文化的建设和管理，转变思想观念，加大对网络文化知识产权的保护力度。唯有创造出更多更优的中国网络文化产品，加强网络文化道德规范，完善网络文化伦理体系，才能够将保护网络文化知识产权落到实处。

一、创造中国文化产品

创建良好的网络文化生态，鼓励创造和生产出更多拥有自主知识产权和具有中国文化元素的网络文化产品，丰富我国的网络文化内容，不仅要求我们在网络科技领域占有一席之地，也要求我们在网络文化内容传播方面占有一席之地，使世界各个国家和地区更多的人了解中国文化，同时，也促进我们与世界各地优秀文化进行更好的交流，实现各种文化在全球范围内的迅速扩散和传播，极大地促进文化的跨越式发展。

保护网络文化知识产权，净化网络环境，营造文明健康的网络文化，是广大人民群众的新期待和新要求。网络生态的失调与平衡，关乎我们的生活质量和工作效率，应该像爱护自然环境一样爱护并自觉维持网络的生态平衡。只有如此，我们的第二生存空间才能更好地服务于人类生存的第一空间，充分享受第二空间给生活带来的乐趣。

保护网络文化知识产权，与尊重网络文化的多样性并行不悖。多样性是生态的特性，多样化的世界和世界的多样性是人类生活的基本态势，即所谓的"和而不同"。"和"是指事物在多样性、丰富性和差异性上的基础上求得平衡、协调和统一，这样才有利于万物的生成、发展和繁荣。网络文化生态的协调发展，既要将主流文化作为发展对象，又要给网络草根文化以适当的导向和发展空间，促进整个网络文化生态系统的协调发展。不要一味对非主流文化封杀打压，而是要多考察它们的积极价值。有的时候，甚至还要给网络文化负生态适当的狭小空间，引导其向正生态转移，自然而然形成网络文化融合形态。

二、加强网络道德规范

网络道德是调节网络时空中人与人之间、个人与社会之间关系的行为规范，是在信息社会的时代背景下适应网络技术的发展要求而产生的，是对人们的网络行为或网络行为动机进行是非善恶的判断标准，是人们对网络持有的意识态度、网上行为规范、评价选择等构成的价值体系，是一种用来正确处理、调节网络社会关系和秩序的准则。

以道德规范来约束广大网络文化创造者和消费者，有助于进一步提升网络文化知识产权保护的自觉性。网络社会是在网民自主自愿的基础上互联互通而形成的，个人需要和个性张扬能够在网络世界中得到充分的尊重和满足。在网络社会中，每一个网民都是独立的精神道德主体，是个人思想的主宰者，是网络行动的主人。网络世界中的每一个人既是行为的组织者又是行动者，既是规范者又是倡导者。网民从自身的利益需求或需要出发制定网络行为规范，网络道德是由网民为维护正常的网络秩序采取的自觉行为的结果，而不是由网络世界中的权威人物或特权阶层来制定的，完全是一种自主型的道德模式。

在传统的社会伦理关系中，个体之间的交往往往是面对面、直接的形式。强大的现实舆论压力及法律制裁等他律手段，使得人们以严谨的行为保持着伦理观念和道德规范。而在以网络为基础的虚拟社会里，网络主体的匿名性、面具化以及行为自主性导致了传统伦理道德他律约束手段力量的大大减弱。为确保网络消费个体的权益不受侵害，确保网络社会安全、优质、高效地运行，网络伦理道德建设，强调更高的自律性与诚信性。

在当下互联网中，道德丢失和伦理缺失的问题随处可见，网络覆盖地域的广阔性、网络参与主体的多样性和网络文化内容的多样性等，使道德相对主义盛行，人格扭曲道德冲突增多，网络道德冷漠现象严重。由于互联网与现实社会的差异性，现实生活中形成的道德及其运行机制，在网络这一虚拟社会中并不完全适用，很容易造成网络伦理道德的缺失，让网络文化蒙上"道德标签"的阴影，将本应该放置于重要位置的网络文化知识产权束之高阁。

网络社会作为现实社会的一种独特延伸，其伦理道德也是传统道德规范在互联网环境中的一种特殊表现方式。如果说网络文化是一艘船，那么网络文化知识产权保护和网络伦理道德就是掌握船向的舵，船舵的转向决定船的方向。网络空间出现的新的伦理道德现象，其规范有序、积极向上的一面代表着网络文化的进步，而其混乱无序、消极颓废的一面则阻碍着网络文化的发展。因此，中国网络文化的未来发展，需要网络文化知识产权保护先行，秉承着网络伦理道德，注意进行网络伦理道德的培育，使人类的道德精华得到丰富与提升。

三、完善网络伦理体系

网络伦理道德发展，应注意发挥对一般社会伦理体系的继承性，又要注重协调网络社会出现的新的伦理道德现象。网络社会的伦理道德现象，体现了网络时代伦理道德表现的新特点。网络虚拟社会与现实社会并存的现象，强调了网络时代的社会对以往传统社会的强烈依赖性。网络伦理道德体系建立的过程，是综合和继承旧的传统伦理学理论精髓的一种漫长过程。

网络伦理道德体系是在弃旧图新的过程中建立的，它对随着网络空间而产生的新伦理道德观念和行为作出了完善的解释和规范，有利于形成网络文化知识产权保护的自觉性。这个新体系吸纳了一般社会伦理道德的先进思想和理念的体系，要求将网络和人自身看作有待不断完善的社会产物，要兼顾全局，着眼长远，注重伦理主体及理论自身的可持续性，以发展前行的而不是墨守成规的战略眼光引领网络文化的新方向。网络伦理道德对于一般社会道德，尤其是中国优良传统的继承性，使网络文化刻上中国传统文化的印记。网络伦理道德是不断发展的，它不断地根据现实的具体情况吐故纳新修正自身，展现可持续的发展状态，并随着伦理道德体系的进步而完善。

世界各地的人们通过互联网联系到一起，他们可能是完全陌生的，有着不同的国籍，身处不同国家制度，怀有不同信仰，这种超时空跨国界的联络是时代赋予的新型特征。各种不同的伦理道德思想和行为在网络中撞击，擦出火花并相互融合。互联网把地球变成了一个小小的村落，互联网加强了世界各国之间的联系，缩短了人与人之间的距离，保持和尊重各民族之间的差异，维护世界各民族文化的多样性，是网络伦理道德体系倡导的原则。

网络伦理道德，在体现本民族特点和利益的同时，要尊重各国各民族的特点和利益。在考虑民族性的同时，也要注重其国际性的一面，一切相关的措施和规范都遵循有利于国家安定、有利于国际团结的原则。在构建网络文化伦理的过程中，要以本国独特的文化传统、价值观念、意识形态为基础，同时考虑与国际接轨。具有民族性、国际性的网络文化伦理道德体系，使得网络文化呈现多元化发展，有着丰富的内容与形式，没有明确的是非对错判断，每个民族、每个国家的文化传统都有其存在的道理。

建立在新的信息技术和社会基础上的网络道德意识、道德观念等也是开放的、超时空的，网络使人们之间的不同道德意识、不同道德观念、不同道德行为之间的冲突、碰撞和融合成为可能，网络道德呈现出一种不同的道德意识、道德观念和道德行为之间经常性的冲突、碰撞和融合的特点和趋势。网络社会的道德包含了人们各自不同的宗教信仰、价值观、道德观念、风俗习惯等方面影响下的道德意识形态，以及由于网民自身的道德层次的差异而形成不同的道德规范。在网络世界开放的交往模式下，人们在地理位置感消失的同时，丰富多样的人类文化得到更广泛的传播和认同，人类不同的思想意识被更多的人了解，不同的宗教信仰、价值观念、风俗习惯、生活方式等在网民的交往和沟通中，逐渐得到宽容、理解和融合，合理的、先进的、代表时代发展趋势的网络道德意识、网络道德规范和网络道德行为，逐渐成为信息技术基础下网络道德的主流。

第三章 网络监管平台建设

互联网作为一种新的信息传播形式，已深入人们的日常生活，成为思想文化信息的集散地和社会舆论的放大器。在此情况下，网络舆情监控系统与不良信息过滤系统等配合使用，在一定程度上有利于网络舆情的引导和降温。

第一节 网络舆情监控系统

一、初识网络舆情监控系统

（一）我国网络舆情的变迁

我国网络舆情的变迁经历了以下几个阶段：

第一阶段是 2002—2004 年的 Web1.0 时代，当时的网络舆情初具规模，开始引发政府的关注。从 2003 年开始，舆情监测上升为各级党政部门的一项重要工作。在 2004 年，中共第十六届四中全会的工作报告《中共中央关于加强党的执政能力建设的决定》中强调："要高度重视互联网等新型媒体对社会舆论的影响，加快建立法律规范、行政监督、行业自律、技术保障相结合的管理体制，加强互联网宣传队伍建设，宣传网上正面舆论的强势。"

第二阶段是 2005—2009 年的 Web2.0 时代，网络舆情持续发展，引发了各级政府高度重视。2005 年"民意直达高层直通车"诞生。此后温家宝在两会期间召开的记者招待会上率先"回答"网民提出的问题。2006 年，中央人民政府门户网站开通；2007 年 1 月，中共中央政治局第三十八次集体学习主题定为"世界网络技术发展和我国网络文化建设与管理"。2007 年两会期间，记者招待会首次披露中央领导人对于网民意见的重视；2008 年 6 月，胡锦涛通过人民网与网民在线交流。

2010 年至今是网络舆情的新阶段——微博时代。这一时期的网络舆情持续繁荣，舆情监控管理日益复杂。这一时期也是网络舆情监控系统和不良信息过滤系统产品快速发展的阶段。2009 年 8 月，新浪网推出"新浪微博"内测版，成为门户网站中第一家提供微博服务的网站,微博正式进入中文上网主流人群的视野;2011年的微博延续了强劲增长的势头,用户数量从2010年的6000多万剧增至2.5亿人,成为用户增长最快的互联网应用模式;2011年政务微博发展提速,政府机关纷纷开设官方微博,加强在微博上的互动;2012年12月底,我国网民数量达到5.64亿人,手机网民数量达到4.2亿人,手机成功超越电脑,成为第一大上网终端;截至2016年8月底,我国网民数量达到7.1亿人,手机网民达到6.56亿人。这些变化对网络舆情的发展带来了诸多影响。

正如CNNIC报告所言,网络新闻已经成为网民获取新闻的主要渠道之一。首先,在移动互联网时代,用碎片化时间阅读新闻成为网民的主要活动之一;其次,随着微博、微信等应用的兴起,网民接触新闻的渠道增多,如微博对主要新闻事件的快速传播,形成热点话题,并联动主流新闻媒体进行传播,极大地促进了网民对网络新闻的接触度;最后,各类新闻媒体纷纷发力移动互联网,制作了大量用户体验较好的新闻APP,极大地提高了手机网民对网络新闻的阅读频率,由于新闻类手机客户端的推送效果远好于传统PC客户端,使更多的手机网民被动阅读了大量新闻。时间碎片化、阅读移动化、渠道多元化等新趋势给网络舆情带来了诸多变化,也给网络舆情监控系统带来了更多的技术挑战。

(二)舆情监控系统的定义

网络舆情监控系统是利用搜索引擎技术和网络信息挖掘技术,通过网页内容的自动采集处理、敏感词过滤、智能聚类分类、主题检测、专题聚焦、统计分析,满足相关网络舆情监督管理的需要,最终形成舆情简报、舆情专报、分析报告、移动快报,为决策层全面掌握舆情动态、做出正确舆论引导提供分析依据。

"网络舆情"是较多群众关于社会中各种现象、问题所表达的信念、态度、意见和情绪等表现的总和。网络舆情形成迅速,对社会影响巨大,加强互联网信息监管的同时,还要组织力量开展信息汇集整理和分析,对于及时应对网络突发的公共事件和全面掌握社情民意很有意义。网络舆情监控系统作为一种实时的互联网数据集成、加工的智能平台,其产品和服务主要面向负责公共事务、公共安全领域的公检法、军队和政府职能部门,以及公众高度关注的企事业单位、社会组织等。

(三)网络舆情监控系统的结构和主要功能

目前的网络舆情监控系统一般由自动采集子系统与分析浏览子系统构成,其中分析浏览子系统又可以细分为采集层、分析层和呈现层。

1.采集层,包含了信息采集、关键词抽取、全文索引、自动去重和区分存储及数据库,可以采集微博、论坛、博客、贴吧、新闻及评论、搜索引擎、图像和视频等。

2.分析层,主要是负责对采集的数据信息实行自动分类、自动聚类、自动摘要、名称识别、舆情性质预判和中文分词操作等，保证舆情分析与数据挖掘的全面性。

3. 呈现层，系统对采集分析的数据可以通过负面舆情、分类舆情、最新舆情、专题跟踪、舆情简报、分类点评、图表统计和短信通知等形式推送给用户，让用户做到心中有数。

在具体工作流程上，网络舆情监控系统主要对热点问题和重点领域比较集中的网站信息，如微博、网页、论坛、BBS等进行24小时监控，随时采集、下载最新的消息和观点。下载完成后进行对数据格式的转换及元数据的标引，对下载到本地的信息，进行初步的过滤和预处理。对热点问题和重要领域实施监控，前提是必须通过人际交互建立舆情监控的知识库，用来指导智能分析的过程。对热点问题智能分析，首先基于传统，在向量空间的特征分析技术上，对抓取的内容进行分类、聚类和摘要分析，对信息完成初步的再组织；其次在监控知识库的指导下进行基于舆情的语义分析，使管理者看到的民情民意更有效、更符合现实；最后将监控的结果分别推送到不同的职能部门，供制定相应的对策使用。

因此，网络舆情监控系统的主要功能有信息数据自动采集、文本自动聚类和自动分类、话题与跟踪、文本情感分析、趋势分析、自动文本摘要、舆情态势判断、统计报告、舆情报警、重大舆情应对的指挥与整合等方面。其中，网络舆情监控系统的关键技术包括热点话题的自动发现技术以及观点的抽取、观点倾向的定性和定量分析技术。

在海量的网络信息环境下，人们面临的问题不是信息匮乏，而是信息过载和信息噪声，所以人们关注的重心已从搜索采集的信息序化变为以分析为主的信息转化。观点的抽取和观点倾向的定性和定量分析技术成为研判舆情态势的另一个重要来源和依据。目前，普通搜索引擎基于关键词得到搜索引擎返回结果的信息冗余度过高，很多不相关的信息仅仅因为含有指定的关键词被作为结果返回，并且没有对搜索结果进行有效合理的组织。在大量网络信息中，与同一主题相关的信息往往会孤立地分散在不同的时间段和不同的地方。面对互联网上众多站点和质量不齐的网络信息，仅仅通过这些孤立的信息，人们对事件难以做到全面把握。在这种情况下，通过向量模型建立和对数据相似性分析的识别话题与跟踪技术成为舆情监控系统的关键。

因此，随着互联网技术的发展，互联网用户规模的增长以及刚性维稳的需求，网络舆情服务仅仅依靠单纯的舆情系统支持一个层面是不完整的，其应该涵盖技术支持、口碑（声誉）管理、风险沟通、危机应对等在内的诸多领域。具体而言，舆情产业链是由上游的政府、企业、个人等服务需求的舆情主体，中游的提供舆情的服务商（舆情技术性系统、舆情信息衍生产品、舆情应对方案）和下游的舆情客体（产生舆情舆论导向变化的信息载体，如报刊、电台、电视台、网站等新旧媒体，以及网络水军、公关公司等口碑声誉服务机构）组成。

二、网络舆情监控系统的分类

自2004年中共中央提出"建立舆情汇集和分析机制,畅通社情民意反映渠道"以来,在网络舆论的孕育下,我国的网络舆情产业蓬勃兴起,市场规模迅速膨胀,专门从事舆情监测的软件公司如雨后春笋般涌现。在众多的舆情监测队伍中,有100多支被国家工信部认证许可的正规企业,根据工信部软件司公布的相关数据,截至2013年9月,全国有100多家企业的网络舆情监控系统通过认证。

需要注意的是,即使在上述通过工信部软件公司认证的舆情软件中,在舆情监测与分析水平上的表现参差不齐,技术侧重点也各有千秋。这与其"出身"、市场定位等有着密切的关系。

按照网络舆情市场产业链的构成,根据不同环节的分工,目前的网络舆情从业者大概可以分为如下几大类。

(一)网络舆情系统开发与销售公司

这类企业是生产和销售网络舆情监测软件的主力,主要代表有方正智思、拓尔思(TRS)、谷尼国际、邦富软件、任子行等。它们主要以舆情系统产品销售与技术支持为主业,通过技术手段获取舆情信息,为服务对象提供舆情预警。它们的特长是商业运作、技术储备和数据采集,但对于网络舆论把握和引导不够专业。

(二)互联网数据调查与研究公司

这类产品与服务主要有艾瑞网络舆情市场监测、易观市场数据、CIC的IWO Mmaster等。它们的主业是通过互联网行为跟踪进行相关市场的研究与分析,同时进行数据集成、加工、预测等。基于不同行业的企业互联网口碑管理和社会化营销是其主要研究领域,政府领域的舆情介入较少。易观还一度推出易观网络舆情监测系统,但最终还是将注意力集中在市场数据研究方面。

(三)专业新闻机构

人民网、新华网、华声在线、正义网、上市公司舆情中心、环球舆情调查中心、中青舆情等是这类机构的代表。这些机构具有官方媒体背景,它们主要发挥传播领域专业、意见领袖整合能力强、社会影响力大、公信力强等优势。其舆情服务产品多为网络舆情应对排行榜、以事件为单位的舆情研究报告、舆情信息报告(网络舆情纸质及电子报告)、政府舆情应对研究与培训等。这些机构的弱点在于体制性思维惯性,产品的技术特点不突出。在商业化运作和资本对接上有一定的局限性,当然个别机构除外。

（四）新闻和舆论传播研究、教学及其产业化机构

这类机构包括中国社科院新闻与传播研究所、中国传媒大学公关舆情研究所、中国传媒大学网络舆情（口碑）研究所（艾利艾咨询）、中国人民大学舆论研究所、上海交通大学舆情实验室、华中科技大学舆情信息研究中心、清华大学政维舆情研究室等。这些机构的主要产品有年度网络舆情指数报告、网络舆情年度白皮书、中国社会舆情年度报告、舆情蓝皮书——中国社会舆情与危机管理报告等。它们具有学术权威性，但这些院校式机构的弱项主要体现在社会资源不足、与市场脱节明显等方面。目前有些院校通过与某些网络舆情公司合作，在产业化方面进行了一定的有益的尝试。

（五）公关公司及网络水军

这类机构组织数量众多，尽管在技术上不占优势，处于网络舆情的末端，但是它们一般具有出色的资源整合和把握社会心理的能力，这使它们成为社会舆情传播（政治性议题除外）不可缺少的一个重要环节。公关公司和市场营销公司一般为企业或者机构提供公关咨询、营销炒作等服务，在涉及服务对象的舆情推动方面具有先天的优势，有时也会推动一些产业热点或者产业话题的炒作。目前，不少网络热点在网络炒作后被传统媒体跟踪报道，使得传统媒体成为网络水军和公关公司炒作的主渠道。

（六）其他

除了上述企业和机构外，还有一些在公众声誉（口碑）、风险、危机等传播、管理、沟通、应对领域的专业人员和机构，其具有相关的实践经验和理解，也会举办一些有关网络舆情的讲座、培训。

三、网络舆情市场概览

网络舆情服务是一项跨学科、复合型产业，产品及服务涵盖了技术支持、口碑（声誉）修复、风险管理、危机应对等内容。

我国网络舆情服务产业高速发展主要有两个方面的原因：一是社会层面，由于社会经济转型带来的结构性矛盾日益突出，互联网成为公众表达诉求的重要渠道；二是技术层面，移动互联网的快速发展扩大了网络舆论的参与人数，使突发事件中的舆论"围观"来得更快、更猛。人民网舆情监测室统计显示，2014 年以来网络舆情事件数量持续在高位徘徊，使网络舆情服务的需求保持在较高水平。

在百度中搜索可以发现，有 893 万条和"舆情监测"相关的网页，与"舆情"相关的则高达 8610 万条。在各级党政机关和企事业单位对网络舆情服务需求不断增加的背景下，专注于网络舆情研究和服务的机构如雨后春笋般纷纷涌现，行业规模不断扩大，业已形成了商业软件、媒体、教育科研、市场调查和公关等多种力量齐头并进的行业格局。同时，各地仍然有大量的舆情软件公司和市场调查公司高速发展。

1. 在舆情监测领域，人民在线的影响无疑是最大的，其依托人民日报社、人民网而成立，是一家专业从事网络舆情监测、研判、预警、处置、修复及信息增值服务的机构。其身后的人民日报及人民网，肩负着舆论导向的政治任务，拥有大量优质的人才、资本、媒体等方面的优势。人民在线舆情系统的优势体现在自然语言处理、观点倾向性分析等语义逻辑上，监测范围虽然从中央媒体到门户网站新闻、新闻跟帖、网络社区、BBS、博客、微博、社交网站、QQ 群等，但是由于人民在线舆情监测服务的重点在于关注网络舆情信息传播的关键节点，因而使得人民在线舆情系统在监测覆盖面上没有其他商业舆情公司产品那样广，实效性受到影响。从人民网 2016 年上半年的财报中可以看到，以人民在线为核心的信息服务收入保持快速增长，收入在 12 000 多万元，在网络舆情刊物发行和舆情监测业务上增长较快，新开设的舆情培训机构业务发展情况良好，为公司未来业绩增长带来更大的发展空间。但随着网络舆情市场的发展，新华网等官方媒体也开始在网络舆情服务市场方面发力，人民在线面临一定的竞争压力。

2. 在舆情系统商业应用中，北京拓尔思 TRS 网络舆情系统构建了多个向量模型，通过 TDT 对舆情信息进行相似性分析，发现、跟踪和分析互联网新的热点话题。在舆情功能上，从用户角度来看，拓尔思舆情系统在商业性舆情软件中最为全面。随着技术的发展，目前拓尔思正在企业搜索、内容管理软件等方面加大投入和研发力度。致力于成为大数据时代软件和互联网服务领域的领导厂商，并通过收购、参股等方式积极拓展业务布局，增强公司的综合实力。

北大方正电子的方正智思产品与拓尔思有着相近的特性，也提供对境内、境外互联网信息（新闻、论坛、博客、贴吧、手机报、微博等）的实时采集、内容提取及排重；对获取的信息进行全面检索、主题检测、话题聚焦、相关信息推荐；按需求定制主题分类；为舆情研判提供时间趋势、传播路径、话题演化等工具；统计舆情信息，生成舆情报告。方正智思系统的核心技术在于自然语言处理技术与数据挖掘技术，即在文本挖掘上通过向量模型对互联网热点话题进行相似性分析，对舆情观点倾向性进行定量计算。但在具体应用上，方正智思多用在新闻出版、教育等传统优势领域，在广度上略逊于拓尔思 TRS 产品。

中科天玑成立于 2009 年，是由中国科学院计算研究所软件研究室改制而来，其舆情系统产品 Golaxy 拥有国内最完善的中文分词系统 ICTCLAS，在自然语言理解、信息智能搜索、舆情综合挖掘领域拥有自己的优势，多文档摘要、网页与博客专家搜索、信息过滤、中文分词系统等多项技术先后获得了国际大奖。但需要指出的是，中科天玑在互联网数据获取能力（漏检率和错检率）方面尚有欠缺，而且在商业运作和资本对接上也不理想，在公司主页上连产品介绍都没有，因此在舆情市场领域知名度并不高。

3. 在商业舆情系统中，军犬网络舆情监控系统具有较强的影响力，这得益于中科点击在商业运作和社会化信息传播（如军犬舆情排行榜及其内容 SEO 优化、百度百科、百度知道等）。与其他舆情系统相比，在技术性能上，军犬网络舆情监控系统的数据采集具有一定的优势，如境外媒体监测、多载体多格式信息监测等，但该系统的短处在于文本语义分析方面只能根据关键词进行信息匹配，难以对舆情数据进行相似性逻辑处理，造成系统内无关信息冗余明显，舆情信息不准确，制约了舆情研判。就总体性能而言，军犬网络舆情监控系统强在互联网信息采集和加工，弱在语义分析，适合具有较强舆情分析挖掘能力的机构采用。

谷尼（Goonie）互联网舆情监控系统内置了信息自动获取、自动聚类、主题检测和专题聚焦，通过内容抽取、向量模型相似性分析，发现互联网新的热点话题，并对其进行跟踪分析，根据统计等策略分析不同时间内的主题关注度并预测趋势。值得关注的是，谷尼在互联网营销和推广方面颇下了一番功夫，网络知名度不低，而且谷尼与南京大学合作建有南京大学——谷尼网络舆情监测与分析实验室，因此在技术方面有一定的基础，各方面的表现都比较平均，据称其语义分析能力介于方正智思与军犬网络舆情监控系统之间。

广州邦富软件起步较早，在广东乃至南方区域都具有一定的用户影响力，在北方市场式微，但成功入驻了新华社及新华网，成为新华社和新华网的官方舆情系统技术供应商，在战略布局上取得了优势。同属"南派"的任子行也是网络舆情服务里的一支重要力量，成立于 2000 年 5 月，是我国最早涉足网络信息安全领域的企业之一，并于 2012 年成功上市。与其他网络舆情公司不同，任子行主要从事网络内容与行为审计和监管产品的研发、生产、销售，并提供安全集成和安全审计相关服务，互联网舆情综合管理系统只是众多产品线中的一个，在论坛信息采集、多维度检索等方面具有一定的优势。此外，北京、上海、广州、武汉、南京等地还有很多涉足互联网舆情监测服务的企业，但大多技术水平一般、市场知名度不高，在此不再赘述。

作为一个新兴的领域，由于缺乏明确的标准、规范和监管体系，目前网络舆情监测系统服务领域存在着鱼龙混杂的现象，如缺乏国家标准，公众认知错乱；产品良莠不齐，潜规则盛行；监管缺位，产学研脱节，产品整体水平不高；商业舆情公司介入敏感领域，容易产生隐患。因此，对于网络舆情发展中存在的种种问题，政府要监管到位。第一，由于涉及政府信息的敏感性和安全性，网络舆情监测服务管理建议由国家互联网信息办公室具体负责，公安部、国家安全部、工信部、国家保密局、科技部、国家市场监督管理总局等职能部门参与协调、管理；第二，成立网络舆情监测领域自律组织，通过政府监管和社会化组织自律约束规范舆情服务市场；第三，展开网络舆情监测领域标准化征集、探讨和制定，进一步规范、完善舆情服务市场行为；第四，举办网络舆情行业峰会等活动，搭建舆情行业交流平台，推进网络舆情产学研良性结合，为我国网络舆情服务及稳定社会发展奠定基础。

第二节　知名网络舆情服务系统简介

一、人民网舆情平台

人民网提供舆情监测报告、舆情热度地图、舆情监测平台等舆情服务，号称可提供监测、预警、研判、处置与修复等一体化的网络舆情解决方案。

（一）舆情监测报告

人民网舆情监测室运用科学的网络舆情监测理论体系、工作方法、作业流程和应用技术，对传统媒体网络版（含中央媒体、地方媒体、市场化媒体、部分海外媒体）、网站新闻跟帖、网络社区、论坛 /BBS、微博、网络"意见领袖"的个人博客等网络舆情主要载体进行 24 小时监测，对舆情事件起因、传播载体、传播路径规律以及应对策略得失等进行分析，供政府宣传部门和企业公关部门参考和学习。

舆情监测报告内容源于国内外各大主流传统媒体和网络媒体，新闻、门户网站、论坛、博客、微博等，涵盖了新闻、评论、言论、行业评价，以及网络"意见领袖"关于服务对象的建言、鉴言的博文，各大小媒体及海外媒体的新闻与评论等。

舆情监测报告按性质可分为常规舆情监测报告和专项舆情监测报告：常规舆情监测报告，即按设定时间、特定行业定期发布舆情监测报告，适用于行业或某一领域的长期舆情监测服务；专项舆情监测报告，针对突发事件进行个案分析，适用于有特殊舆情监测服务需求的用户或者典型舆情案例。

（二）舆情热度地图

舆情热度地图也是人民网舆情监测室推出的舆情监测服务。根据舆情事件发生的地域、职能不同，定期汇总网络热点的舆情事件，直观展示了舆情热点地区、事件的基本情况，在地图上根据每个省级单位特定时间段内舆情事件的数量和影响力，标注成红、橙、黄、蓝等颜色加以区分。

（三）舆情监测平台

通过舆情监测平台对互联网信息（新闻、论坛、博客等）进行实时监测、采集、内容提取及自动消重，并且对获取的信息进行全面检索、主题检测、专题聚焦、相关信息推荐、主题演化分析、时间趋势分析、话题传播分析，按照政府、企业需求定制信息分类规则；为监管人员提供辅助分析工具和信息服务，如网络舆情预警、自动形成网络舆情信息图表、追踪已发现的新闻舆情焦点等，为政府及企业领导层针对热点事件、突发事件作出适当决策提供帮助。

系统可以提供远程账号服务，能节省用户的技术和数据人工维护成本，由人民网舆情监测室的专业分析师团队提供服务保障。

此外，人民网舆情监测平台还提供了《网络舆情》内参、人民数据、舆情培训、舆情访谈等服务。

二、TRS互联网舆情管理系统

TRS互联网舆情管理系统通过互联网信息采集和文本挖掘技术，帮助各级政府快速发现和收集所需的社会网络舆情信息，通过自动采集、自动分类、智能过滤、自动聚类、主题检测和统计分析，实现社会热点话题、突发事件、重大案情的快速识别和定向追踪，从而帮助政府及时掌握舆情动向，对有较大影响的重要事件快速发现、快速处理。从正面引导舆论和宣传，构建积极向上的主流舆论，并为政府决策提供信息依据。

（一）智能采集各类网络舆情

TRS互联网舆情管理系统可以自动采集网络媒体发布的网络新闻，舆情采集用户只需输入一个待采集的目标网址即可实现图文结合采集到本地。网页采集模块在互联网上不断采集新闻信息，并对信息统一加工过滤、自动分类，保存新闻的标题、出处、发布时间、正文、相关图片等信息，经过手工配置还可以获得本条新闻的点击次数。以网络论坛BBS为代表的交互性网络站点，往往是一些突发事件的网络舆情爆发点。

TRS互联网舆情管理系统支持采集指定论坛帖子的主题，记录回帖数量和内容；支持根据论坛页面表现形式配置获取发帖人的相关信息和发帖人的计算机网络地址；支持多媒体数据采集，还支持RSS解析；可自动解析RSS的XML文件；抽取网页的链接、标题、时间等信息；支持网页快照功能等。

（二）互联网舆情分析与处理

TRS 互联网舆情管理系统具有自动发现舆情热点的功能，对重要的热点新闻信息进行分析和追踪，对于突发事件引起的网络舆情，可以及时掌握舆情的爆发点和事态。该系统会根据新闻文章数及文章在各大网站和社区的传播链进行自动跟踪统计，提供不同时间段（1 天、3 天、7 天、10 天）的热点新闻；对每条热点新闻还可以查看新闻相关传播链，了解在某一时间段该热点新闻在某些站点的传播数量；也提供热点帖子、热点专题等功能。

同时，TRS 互联网舆情管理系统可对监控的信息类别提供预警功能。预警等级可根据用户需求分为高级、中级、低级、安全等。用户可查看预警的各类信息，如在预警总分布图中可查看到每类信息的预警文章条数及所占百分比，还可以查看每类预警信息某一时间段的传播趋势、传播站点统计、正负面信息统计、信息类别统计、新闻帖子统计等。

此外，TRS 互联网舆情管理系统基于相似性算法的自动聚类技术，自动对每天采集的海量的、无类别的舆情进行归类，把内容相近的文档归为一类，并自动为该类内容生成主题词；可支持自动生成新闻专题、重大新闻事件追踪、情报的可视化分析等诸多应用。

传统的基于关键字匹配的关键字信息过滤常常导致大量正面信息被封杀，TRS 互联网舆情管理系统基于统计和机器学习的文本过滤技术，以及独具特色的文本的褒贬倾向分析技术，准确识别正面和负面信息。该系统能自动研判并且统计政要领导人物的正负面信息、地区形象的正负面报道等。

TRS 全文检索引擎技术提供舆情新闻检索和论坛检索功能，可按提供的近义词、同音词、拼音检索、热点检索词等进行智能检索。舆情信息检索结果可按不同维度呈现，如按内容、舆情、相关人物、相关机构、相关地区、正负面分类等。

在每个维度下把搜索结果自动分类统计展示信息，可以使用户用最短的时间搜索到最精确的信息。

（三）舆情服务的可视化展现

TRS 互联网舆情表达包括舆情管理系统简报、趋势图表、聚类图等可视化表达方法，以及舆情数据库全文检索和信息服务门户。

三、方正智思互联网舆情监控系统

方正智思互联网舆情监控系统提供对境内、境外互联网信息（新闻、论坛、博客、贴吧、手机报、微博等）进行实时采集、内容提取及排重，并且对获取的信息进行全面检索、主题检测、话题聚焦、相关信息推荐，按需求定制主题分类，为舆情研判提供时间趋势、传播路径、话题演化等工具，统计舆情信息，生成舆情报告。

（一）实时监测网络舆情

采用以定向采集为主、全网监控为辅的方式，自动对新闻（新闻跟帖、新闻评论、RSS）、论坛（回帖、点击数、回复数等）、博客、贴吧、手机报、微博等网络媒体进行全面的实时监测。

（二）智能处理舆情信息

应用方正智思中文自然语言处理技术引擎和网络舆情分析模型，对互联网舆情信息自动提取关键词、摘要、分类、聚类、主题检测、关联分析、情感分析。

（三）多种模式搜索舆情事件

支持相似搜索、模糊搜索、分类搜索、高级搜索、元搜索等多种搜索模式；在传统的关键词搜索模式上增加了语义搜索。

（四）完善的舆情监控业务

可自动监测敏感信息、自动聚焦热点话题、自动追踪潜在舆情事件。可预置审核流程、逐级审核、上报舆情信息。自动探测页面删除状态，统计研判网络舆情，生成可定制舆情报告。提供对本地网站的属地化管理，支持违规网站信息统计管理。

四、军犬网络舆情监控系统

军犬网络舆情监控系统是由中科点击（北京）科技有限公司自主研发的网络舆情监控系统和网络舆情办公系统。其是一套综合运用搜索引擎技术、文本处理技术、知识管理方法、自然语言处理、手机短信平台，通过对互联网海量信息自动获取、提取、分类、聚类、主题监测、专题聚焦，满足用户对网络舆情监测和热点事件专题追踪等需求的监控系统。

与其他网络舆情监控系统相比，军犬网络舆情监控系统的优势主要体现在互联网信息采集技术、自然语言智能处理技术（文本挖掘技术），以及智能检索技术上。

（一）互联网信息采集技术

强大的信息采集功能是其他所有功能的保障，采集技术不过硬的产品不可能达到有效的舆情监测效果。军犬网络舆情监控系统的数据采集与数据挖掘居全行业之首，为信息的深度处理提供了强有力的保证，其可监控各大搜索引擎、新闻门户、BBS、博客、留言板、微博、视频、搜索、文档等，无须过多配置便可对18万个网站实施监控，并可自动识别语言和网站编码。

元搜索引擎集成了不同性能和不同风格的搜索引擎，并发展了一些新的查询功能。查一个元搜索引擎就相当于查多个独立搜索引擎。进行网络信息检索与收集时，元搜索可指定搜索条件，从而既提高了信息采集的针对性，又扩大了采集范围的广度，能达到事半功倍的效果。

网页内容智能提取技术能提取网页中的有效信息，区分网页中的标题、正文等信息项，并对内容具有连续性的多个网页内容进行自动合并、网络论坛信息自动提取等。对于非结构化的网页数据，可以在采集时进行结构化的信息抽取和数据存储，以满足多维度的信息挖掘和统计需要。

（二）自然语言智能处理技术

军犬网络舆情监控系统采用了以词典为基础、规则与统计相结合的分词技术，有效避免了切分歧义。综合利用了基于概率分析的语言模型方法，使分词的准确性达到99%，并可根据不同的应用进行适合特定要求的分词，分词速度快。

在文本语义分析的基础上，该系统还可以综合考虑词频、词性、位置信息，实现准确的自动关键词与自动摘要。同时，中科点击自动分类技术包括基于内容的文本自动分类和基于规则的文本分类，并可以通过自动聚类技术生成舆情专题，进行重大新闻事件追踪等。

（三）智能检索技术

军犬网络舆情监控系统的全文引擎将传统的全文检索技术与最新的 Web 搜索技术相结合，大大提高了检索引擎的性能指标。同时，其融合了多种相关技术，提供了丰富的检索手段以及同义词等智能检索方式。

五、邦富互联网舆情监控系统

广州市邦富软件有限公司是国内的互联网舆情管理与舆情监控整体解决方案供应商，也是国内为数不多的以宣传、公安和安全系统的互联网舆情采集分析系统为主营的企业级搜索引擎产品和服务提供商。广州市邦富软件有限公司率先在业界提出了以舆情数据中心为核心的"舆情共享，业务协同"业务模式，并提供了基于该模式的邦富舆情管理"一揽子"整体解决方案。

目前，互联网舆情管理包括舆情监控、舆论引导、正面宣传、新闻发言人管理等内容，信息条条独立、条块分割的现象普遍存在，条条之间、条块之间数据格式多、共享难、查询难。如何对整个互联网舆情管理的信息实现数据共享、业务联动，从而提供决策数据支持，提高科学决策水平，是业务效能整体提升的重要前提，是政府管理迈上新台阶，也是实现从被动管理到主动管理、从感性决策到理性决策的坚实基础。邦富互联网舆情采集分析系统、邦富舆情管理系统、邦富新闻发言人管理系统等舆情管理基础软件，以及一系列电子政务应用产品，为了实现"舆情共享，业务协同"的电子政务模式，提供了一套从前台业务系统整合到后台信息资源整合和综合利用的完善的整体解决方案。

其中，邦富互联网舆情监控系统基于网页智能采集技术可达到每5分钟更新一次的分钟级更新频率，且目前系统可支持对上万个网站同时进行舆情采集与分析，采用了多线程并发指令执行体系结构、增量实时索引、智能分词、相关性分析和模糊匹配等多项先进技术。新华网在2015年就与广州邦富软件公司合作，推出了面向县（区、市）级地方政府的网络舆情监测系统。

六、谷尼互联网舆情监控系统

谷尼互联网舆情监控系统是一套利用采集检索技术、文本挖掘技术、知识管理方法，通过对互联网海量舆情信息机械地进行自动获取、抽取、分类、聚类、溯源等，最终形成舆情预警、舆情简报、舆情专报、分析报告、传播路径、舆情溯源等舆情产品，为客户全面掌握舆情动态，做出正确舆论引导提供分析依据。

（一）谷尼互联网舆情监控系统的技术特色

谷尼互联网舆情监控系统用户可以设定采集的栏目、URL、更新时间、扫描间隔等，系统的扫描间隔最小可以设置成1分钟，即每隔1分钟，系统将自动扫描目标信息源，以便及时发现目标信息源的最新变化，并以最快的速度采集到本地。

该系统不仅可以采集常见的静态网页（HTML/HTM/SHTML）和动态网页（ASP/PHP/JSP），还可以采集网页中包含的图片信息；其全网搜索以主流中文搜索引擎的结果为基础并利用Goonie采集器直接面向互联网定制内容进行采集，用户输入搜索关键词即可；可对网页进行内容分析和过滤，自动去除广告、版权、栏目等无用信息，精确获取目标内容主体。

（二）谷尼互联网舆情监控系统的呈现优势

谷尼多维度智能报表分析引擎提供了两种报表工具：第一种是定制报告工具，可根据用户需要自行选择需要的时间段、图表形式、横坐标和纵坐标内容，然后生成相应的分析图表；第二种是一键报表批量生成工具，包含倾向性分析图、网站类型比例图、媒体与网民关注趋势图、危机排行榜等。因此，系统可以定制不同格式、不同内容的舆情简报模板，用户可以随时对监测到的信息根据简报模板自动生成简报，并可保存、发布、下载、打印。

此外，系统能够实现敏感舆情的自动预警功能，一旦监测到包含过滤词的舆情将自动出现某敏感词舆情发送到手机、邮件、桌面弹出窗口上，也支持手动发送模式。

七、国外知名网络舆情监控系统

（一）尼尔森（Nielsen）

尼尔森是全球性的市场研究和媒体公司。它拥有近百年的历史、领先的市场地位、全面的媒介资讯，是出版、展览、报纸、有线电视等领域公认的品牌。尼尔森提供的 Buzz Metrics 服务可以帮助企业对在线言论及传播行为进行分析，进而提升品牌形象，促进业务增长。Buzz Metrics 将创新的技术、资深的专家经验和高质量的数据结合在一起，为提升企业的产品、市场、营销的竞争力提供有力的支持，使企业在以用户为核心的市场中抢占先机。

（二）Reputation Defender

"名誉捍卫者"（Reputation Defender）创建于 2006 年 10 月，是一家从事网络声誉管理的公司，为网络声誉受到损害的机构和个人提供了"消负"服务，服务的层次取决于收费的高低。众所周知，互联网从根本上改变了隐私的概念，博客、微博、论坛以及社会媒体的扩散创造了一个全球信息流的空间。互联网的增长、网络的特性、现实的状况使得管理网络声誉尤为重要，Reputation Defender 通过专有技术帮助用户监控网络。在用户支付费用后，通过一系列手段与网站沟通，删除负面舆论（服务的层次取决于收费的高低），为企业塑造良好的网络形象。如今，它已经为全球超过 100 个国家的企业服务过。

（三）Visible Technologies

Visible Technologies 成立于 2003 年，是一家从事网络品牌管理、网络营销推广以及通信业务的公司，是基于专业的技术队伍、大量的数据分析以及"客户第一"的服务理念，帮助企业跟踪消费者舆情，管理相关搜索引擎，尤其是其提供的"Tru Cast"服务、"Tru View"服务为企业提供了及时、全面、高效的战略解决方案，保护和提升了企业的网络声誉。其中，Tru Cast 能综合舆情解决方案，可通过该工具直接向博客和论坛发表评论，Tru View 能保护和促进企业的在线声誉，谷歌、雅虎、博雅、恒美、WPP 集团等都与它有过合作。

（四）Cision

Cision 对超过 100 万个博客、数以万计的论坛、超过 450 个富媒体网站进行网络监控。与其他网络舆情服务商相比，Cision 具有数十年的传统媒体监测经验，而且服务非常好，是 7×24 小时模式，这在国外公司中颇为难得。它拥有一站式综合解决方案，通过对博客、论坛、富媒体网站等进行大范围的网络舆情监测，为客户提供全面的媒体资讯智能服务。Cision 拥有众多知名客户，包括奥美、凯旋公共、史密斯通信、帕拉公共、HL 集团等。

（五）Buzzlogic

Buzzlogic 是一家基于数据分析技术从事网络广告制作、网络舆情分析、市场营销推广以及企业公关策划的公司，其提供的"Buzzlogic Insights"服务通过对互联网上博客的分析，帮助企业发现、吸引和评估行业影响力。该舆情监控系统致力于市场营销和公关人员的服务，为营销人员提供产品的反馈意见、品牌认知度等信息，为公关人员提供与知名博客建立关系、发现新舆情和跟踪产品问题服务。但目前该公司在更名为 Twelvefold Media 后更侧重于在线广告平台，合作客户有丰田汽车、沃尔玛、百思买、星巴克、微软等知名品牌。

第三节　企业搜索与垂直搜索

前面提到的互联网舆情监控系统，主要是基于互联网搜索引擎等进行信息的搜索、采集、加工和处理，但是这并非网络内容搜索与监控的全部。企业搜索和垂直搜索也是网络内容监测处理中的组成部分。

一、企业搜索

世界权威机构统计表明，全球来自交易中的数据信息每年增长的速度是 61%，而其他各种相关信息每年的增长率超过了 92%。研究部门把由传统关系数据库管理系统处理的数据信息称为结构化数据，把包括纸质文件、电子文档、传真、报告、表格、图片、音频和视频文件等在内的信息称为非结构化数据或内容（Content）。据统计，企业（企业类组织机构）每年的数据增长超过 100%，其中 80% 是以文件、邮件、图片等非结构化的数据形式存放在企业内计算机系统中的各个角落，而这些数据总量远远超过了互联网信息的总量。有数据表明，企业 98% 以上的信息存储在企业内部，而发布到互联网上的信息量仅占到总信息量的 1%~2%。因此，为方便、快捷、安全地获取企业内部的信息，造就了一个新的但实际上非常传统的应用——企业搜索。

全球 500 强企业几乎都有企业搜索的需求和应用，从 BBC 到美国国土安全部，企业搜索的业务范围无所不包。在国内，随着中国企业信息化的发展，众多企业也已经初步建成了各自统一的营业服务系统和企业内部信息传递管理系统，经过多年的运行积累，存储了海量的信息资源。由于历史原因，这些海量的信息资源管理分散、共享困难，形成了彼此隔离的信息孤岛。科学管理和合理开发这些信息资源尤其是大量的、非结构化的数据信息，是国内企业界面临的巨大挑战。

（一）企业搜索不同于互联网搜索

企业搜索与互联网搜索有着巨大的不同。在企业中，文本文件、电子邮件、音频和视频文件等与人们密切相关的数字化信息占据了主导地位，其占有率已经超过 80%。这些信息都以非结构化的形式，散落在企业计算机系统的各个角落。

与互联网搜索引擎相比，企业搜索产品对核心技术的挑战性更高。它不仅要求搜索速度更快、结果更准确，可索引大量的文档和不同类型的媒体，而且同时要求部署方便，可以与企业现有的信息系统、知识库或 BI（商业智能）系统结合，并更加注重安全和隐私。

1. 复杂数据结构的搜索。

普通互联网搜索引擎针对的数据一般都是网页结构的，即使有图片、音频和视频等多媒体形式，在结构上也仍然是由 HTML 组成的。企业用户需要搜索的数据既有互联网上的，也有内部网站上的；既有网页形式的，也有基于 OA 系统的各种数据库形式的；既有结构化的数据，也有各种电子文件格式的非结构化数据或者半结构化数据，如 Word、Excel、PDF、XML 等；既有文本形式的数据，也有多媒体形式的数据，如企业内部的新闻视频等。最突出的是，同一机构的数据还可能发布在不同介质的载体上。因此，企业搜索就是要对上述不同情况进行无缝结合，通过一个搜索工具和界面，发一个或者几个简单的检索请求即可得到满意的结果。

此外，互联网搜索内容对于用户来说是未知的，企业搜索的对象基本上是已知信息源，用户需要按照内容而不是通过比较源链接进行排列。

2. 搜索的安全性。

企业搜索主要针对企业内部带有明显高等级的安全特性需求，而不像普通的互联网信息公开透明。考虑到安全需求，很多企业负责人普遍认为目前的搜索技术还没有为企业搜索做好足够的准备，即使为数据定义了文档级和数据库级的双权限分级管理和控制，也仍难以完全避免信息泄露，要求企业搜索必须针对用户、资源、权限分级管理和控制，确保系统安全。

3. 查全率和查准率。

企业搜索主要针对企业用户，因此查找的信息专业性强，概念复杂，而且对于查询的查全率和查准率有着非常高的要求。互联网搜索基本上谈不上查全率，因为互联网上的信息泛滥，任何一个搜索引擎都无法穷尽互联网的每个网页，而且只能通过"关键词匹配"方式去实现。在企业搜索中，必须对企业内部每个需要提供服务的信息进行索引，在保证效率的同时保障结果的"全"和"准"。

4. 实时与智能化检索。

企业搜索是为企业运营和决策服务的，而不是像互联网搜索那样只是提供信息参考。企业搜索的结果将直接运用到企业运营中，因此对于搜索结果的实时效果要求很高，尤其是内部业务发生变化时要能实时反应，不能像互联网搜索那样延滞更新。要做到实时反应，就要全面采用智能化的技术，智能搜索技术关注词语在文档中的逻辑关系。它综合考虑词语出现的上下文，同时能够查找到可能不包含具体词语但包含相关概念的文档。除此之外，还可以实现概念提炼或基于例子的提炼。当然，企业搜索必须依靠内容管理技术和搜索技术，通过与数据管理、记录管理、过程管理、团队协同等各个环节密切结合，也是企业信息化的重要组成部分。

（二）企业搜索常用功能与技术

从企业搜索的需求来看，不外乎内容管理、内容搜索、内容挖掘等功能。信息采集、信息分类算法，对企业内外部的新闻、邮件、Internet 信息、文件等非结构化信息以及数据库、XML 等结构信息进行理解，而后通过前端工具来实现信息个人化、信息提示、信息检索等功能。

由于该系统具备学习设置、自动发现、自动分发、处理跟踪等全过程控制，因此可实现对各类信息内容的自动概括、聚类、关联和联想，从而可提高企业对竞争情报信息实施全维、全息、全域的信息监控的能力。

统一检索：以多个分布式异构数据源为对象，向用户提供统一的检索接口，将用户的检索要求转化为不同数据源的检索表达式，自发地检索本地、局域网和广域网上的多个分布式异构数据源，并对检索结果加以整合，在经过消重和排序等操作后，以统一的格式将结果呈现给用户。统一检索能为不同用户提供不同的界面展现方式，既满足通用检索需求，又实现个性化需要。

语言处理：中文分词是企业搜索必须具备的技术之一，应用中文分词技术才能使搜索结果更加符合用户的习惯，更加接近用户期望的结果，而且用户要根据自己的需要和行业特色来添加和维护词库。

安全系统：要实现文档、资料、数据等信息的访问安全，采用分级安全体系来保障不同安全级别的信息必须经过授权才能访问；通过对检索结果进行文档级安全和集合级安全的分类实现授权体系的灵活性功能；要能与绝大部分业务系统的用户体系整合，并可以继承原有的权限系统等。

内容存储：可实现文档、资料、数据等信息的分布式存储，能够最大限度地提高部署的灵活性和可扩展性，所有的元数据和全文索引分别存储在不同的单元上；在技术上要支持主流数据库平台、操作系统、浏览器、门户、应用程序服务器和开发标准。

文档管理：要支持多种文档类型，通过将文档元数据和索引信息进行分开存储实现强大的元数据管理功能，辅以基于文档安全级别的控制体系，对文档的整个生命周期进行全面管理；可通过创新的回溯功能查看文档的历史版本，全面提升企业文档到知识的转换能力，为企业运营决策提供知识支持。

内容采集：除了支持所有主流数据库和文件系统的采集外，还要支持内容仓库的采集，能针对指定文件所在目录进行高效检索，可对 PDF、Office、HTML、TXT、音频、视频等文件格式进行自动解析。同时，根据需要能够定制从其他各类数据源获取要检索的数据内容，如 XML 文件、其他数据池等。

因此，企业搜索其实就是应用上述多种技术开发的一个完整的企业搜索平台，能够完成企业内容整合过程的绝大部分功能，要充分利用其底层应用功能，并封装为更易于使用的服务来提高应用开发的效率，能更好地满足不断变化的业务需求。

（三）企业搜索市场概况

根据企业搜索的不同技术走向，基本上可以将企业搜索分为两大流派：一是数据库厂商在自身的关系型数据库中增强检索服务功能，在多个应用系统内部署各自的搜索服务，这样可以通过联合搜索的方式来实现企业内的搜索服务，这类厂商有 Oracle、IBM 等；二是从事传统的内容管理厂商，在研究了企业搜索引擎服务后，提出了企业搜索平台(Enterprise Search Platform, ESP)的概念，这类厂商有国内的拓尔思、邦富软件等，国外的有 Autonomy 等公司。此外，Google，微软等互联网搜索引擎厂商近几年也加大了对企业搜索的关注与投入力度。

在我国，由于信息基础建设的差异，企业搜索以面向特定行业的应用为主，政府机构、国家涉密单位、新闻媒体、科研院所、大型企业集团（如电信、金融、能源等）成为最主要的用户群。根据赛迪顾问的统计，2007 年企业搜索市场规模不足 2 亿元，但随着我国信息化建设的推进，企业搜索需求放量增长，2010—2012 年的年均增长率都保持在 25% 左右，到 2016 年，市场规模接近 10 亿元。

作为一家为企业提供高端搜索引擎软件的英国科技公司，创立于 1996 年的 Autonomy 在经历了世纪之交的互联网泡沫后涅槃重生，收购了三家美国公司，并且在金融危机中成为英国为数不多逆势成长的科技公司之一，提出了智能搜索的概念。利用这种技术，可以搜索多种文本格式内容，如 Text、Word、Excel、PPT、PDF 以及各种数据库中的数据格式，甚至还可以搜索多媒体文档内容。本来专注于企业搜索的 Autonomy，在进入中国后还一度针对政府用户开发了一套"互联网网络舆情监测系统"，具有较强的文本分析和语意分析能力，特别是其针对英文文本分析的功能是本土厂商所欠缺或者不具备的。但由于服务价格偏高，再加上网络舆情监测的敏感性，因而其在中国并没有多少建树，基本已经淡出了政府部门的招标会。随着 2011 年被惠普以 104 亿美元的高价收购，Autonomy 逐步淡出了中国市场，而 2012 年爆发的一系列可疑的会计和商业行为更给 Autonomy 的前景蒙上了一层阴影，在中国的网站自 2010 年之后基本没有更新。

二、垂直搜索

垂直搜索引擎是针对某一个行业或者某一主题的专业搜索引擎，是搜索引擎的细分和延伸，是对网页库中的某类专门的信息进行一次整合，定向分字段抽取出需要的数据进行处理后再以某种形式返还给用户。垂直搜索是相对通用搜索引擎的信息量大、查询不准确、深度不够等提出来的新的搜索引擎服务模式，通过针对某一特定领域、某一特定人群或某一特定需求提供有一定价值的信息和相关服务。它能为用户提供针对性更强、精确性更高的信息检索服务。垂直搜索引擎的应用方向很多，如地图搜索、音乐搜索、图片搜索、文献搜索、企业信息搜索、求职信息搜索，涉及各行各业，各类信息都可被细化成相应的垂直搜索对象。

其特点就是"专、精、深"，具有行业色彩，相比通用搜索引擎的海量信息之无序，垂直搜索引擎则显得专注、具体和深入。

（一）垂直搜索引擎的特点

垂直搜索与普通互联网搜索相比：第一，采集的学科范围小，总的信息量相对较少，可以保证用专家分类标引的方法对采集到的信息进行组织和整理，进一步提高信息的质量，以建立一个高质量、专业的、能够及时更新的索引数据库；第二，只涉及某一个或几个领域，词汇和用语的一词（一字）多义的可能性大大降低了，而且利用专业词表进行规范和控制，可大大提高查全率和准确率；第三，垂直搜索的信息采集量小，网络传输量小，有利于网络带宽的有效利用；第四，垂直搜索的索引数据库的规模小，有利于缩短查询响应时间，还可采用复杂的查询语法，提高用户的查询精度等。

（二）垂直搜索引擎的核心技术

垂直搜索引擎的核心技术包括主题爬虫、主题词库、相关度判断等。其中，主题爬虫就是根据一定的网页分析算法过滤与主题无关的链接，保留了与主题相关的链接并将其放入待抓取的 URL 队列中，根据一定的搜索策略从队列中选择下一步要抓取的网页 URL，并重复上述过程，直到达到系统的某一条件时停止。从整体上看，主题爬虫爬行资源的数量只有普通爬虫的 1/2，而它的主题资源覆盖度却是普通爬虫的 5 倍，能发现更多的 Web 主题资源。

垂直搜索引擎根据得到的网页内容，判断网页内容和主题是否相关。如果一个网页是和主题相关的，在网页中的标题、正文、超链接中通常会有一些和主题相关的关键词——在面向主题的搜索中，这种词称为导向词，给每个导向词一个权重，就能够优先访问和主题相关的 URL。在主题词库模块中设计了一个分层的主题词库系统，该词库将颗粒大的主题词置于词库高层，将颗粒小的主题词置于词库低层，既考虑了主题搜索的广度，又考虑了主题搜索的精度。一级主题词库下还可以包含若干细化的子主题词库，这些主题词库中包含了其上级主题词库的细化。例如，"股票"这个一级主题词库中的主题词可进一步设计一个子主题词库，它可包含股票代码、股票名称、上市公司名称、市盈率等，该主题词库内的主题词颗粒较小，内容相对固定。当上级主题确定后，再深入该级主题进行文本匹配，完成更加细化的主题搜索。

此外，由于搜索引擎往往面临着大量用户的检索需求，因此要求其在检索程序的设计上要高效，尽可能将大运算量的工作在索引建立时完成，使检索的运算尽量少。因为一般的数据库系统不能快速响应如此大量的用户请求，所以在搜索引擎中通常采用倒排索引技术。

倒排索引的主要流程如下：

1. 建立正向索引，分析网页后，得到以网页编号为主键的正向索引表。

2. 创建反向索引，数据规模扩大后可以采用分组索引。

3. 归并索引的策略。

（三）垂直搜索的发展趋势

目前，从垂直搜索的应用情况来看，大部分垂直搜索的结构化信息提取都是依靠手工、半手工的方式来完成的，面对互联网的海量信息，很难保证信息的实时性和有效性，对智能化的结构化信息提取技术的需求非常迫切。目前，国内非结构化信息的智能提取技术取得了重大的进展，并在一些领域得到了有效应用，因此智能化成为垂直搜索引擎的发展趋势。

垂直搜索引擎与早期的网址分类搜索引擎相似，但垂直搜索引擎只选定了某一特定行业或某一主题进行目录的细化分类，结合机器抓取行业相关站点的信息提供专业化的搜索服务。这种专业化的分类目录（或称主题指南、列表浏览）很容易让用户迅速知道自己要找的是什么，并且按目录单击就能找到。

深度挖掘型垂直搜索引擎可以为用户提供网页搜索引擎无法做到的专业性、功能性、关联性服务，有的加入了用户信息管理以及信息发布互动功能，能满足准确性、功能性、个性化的需求。专业的元数据属性构造由专业人士组成的团队。这些专业人士对该领域的元数据进行关联整合，再通过搜索技术按元数据模型把这些信息组织呈现给用户。

垂直搜索引擎由于自身对行业的专注，使得它可以提供行业信息深度和广度的整合以及更加细致周到的服务。对消费领域可以推出针对某一行业的搜索交易平台，如美容搜索、餐饮搜索、购物搜索、机票旅游搜索等。这种交易平台需要针对通过开展电子商务来获得更多用户的商家，搜索交易平台让行业内商家和用户直接沟通、咨询，不再需要转到第三方平台进行交易，有可能发展成像易贝和淘宝一样的购物平台。

（四）垂直搜索的应用分类

1. 与政府相关的垂直搜索引擎。与政府相关的垂直搜索引擎主要表现为面向内部的垂直搜索和面向外部的垂直搜索：面向内部的垂直搜索主要是指政府内部专属网站群的搜索，同时集成数据库搜索功能，为政府工作人员和领导提供快速定位信息的方式，为日常工作和领导决策提供支持；面向外部的垂直搜索主要是指政府门户网站群搜索，同时集成法律法规等数据库搜索功能，整合政务服务资源，为民众和企业提供更好的服务，最大限度地发挥政务资源的效用。例如，中国政府网内置了垂直搜索，可以搜索中国政府网内的相关信息。

2. 与企业相关的垂直搜索引擎。这类搜索引擎主要表现为企业借助互联网信息为其某项企业业务提供信息服务的支持，如用于公关负面信息的预警、用户对产品的满意度监测等。但是，这些信息搜索往往由第三方来运营，为企业提供信息增值服务。

3. 与行业门户相关的垂直搜索引擎。行业门户垂直搜索引擎最早表现为门户网站内信息的搜索，但随着行业门户在行业中地位和影响力的提高，逐步整合行业内其他网页资源以及行业企业库、供求信息库等结构化资源，为行业内企业提供全面的信息搜索服务，使其成为行业产业链中不可缺少的一部分。例如，优酷网的搜库、新浪微博的搜索等，就是与行业门户相关的垂直搜索。

4. 与生活相关的垂直搜索引擎。与生活相关的垂直搜索主要是指以搜索为手段为人们日常生活提供的信息服务，如票务信息搜索、房产信息搜索等。与生活相关的垂直搜索以结构化资源整合为主，对信息的及时性和准确性要求较高。

目前，用户搜索需求的平均化和多元化已成为客观趋势，这也使得搜索精分成为搜索用户客观需求，而这种需求也有力地推动了垂直搜索引擎的蓬勃发展，无论是百度、中搜，还是淘宝、优酷，各家企业都在这上面做足了文章。此外，还有房产搜索、招聘搜索、餐饮搜索、视频搜索等各类垂直搜索，可以预见的未来，随着互联网内容的不断丰富，也势必推动垂直搜索成为通用搜索引擎越来越有力的挑战者。

第四节　微博内容管理系统

2006 年，世界上第一个微博平台 Twitter 上线，一年后其呈现井喷式发展。2009 年，新浪、腾讯、搜狐微博测试平台兴起，近年来，我国微博用户呈裂变式增长。据 CNNIC 的统计数据，截至 2013 年 12 月底，中国微博网民规模为 2.81 亿人，网民的微博使用率回调到了 45.5%，较上年年底降低了 9 个百分点。中国微博活跃用户数在经历了 2010—2011 年的爆发式增长后，从 2012 年开始进入了一个相对平稳的增长期。目前微博仍然是网民获取信息的重要途径之一，微博从满足人们关系的社交需求上逐渐演变成为大众化的舆论平台，越来越多的机构及公众人物都通过微博来发布或传播信息。微博传播的内容包罗万象，从个人的心情抒发到社会政治经济文化等各个领域，与此同时引发了微博问政、微博监督、微博动员等公众参与社会管理的新形式。但随着微信、易信等各种网络应用如雨后春笋般兴起，分流了部分微博流量。

一、微博传播的特点

微博除具有匿名性、开放性、互动性、便捷性等与其他互联网工具应用类似的属性外，还呈现出以下特点：

1. 传播内容精简，即时性强。一般而言，微博发布的内容被限制在 140 字以内，大大降低了信息发布的门槛，便于微博内容的产生、发布和分享，使得"人人都有麦克风、人人都是通讯社"成为可能。伴随着移动通信技术的发展，我国手机用户数已经突破 10 亿人，手机网民使用微博的比例从 2010 年末的 15.5% 上升至 2015 年上半年的 53.5%，微博用户通过移动客户端，有效地实现了微博与现实生活紧密契合，达到了信息的实时发布。

2. 信息传播"裂变式""圈群化"微博信息传播不是所谓关系传播，而是关注传播。允许用户任意关注他人，无须关系确认。用户通过微博平台结识和关注大量的陌生人，完全凭兴趣组成的松散型圈群，使得网民对圈群内信息的关注度远高于对传统媒体的关注，微博信息进行跨圈群的、大范围的"病毒式"信息传播，可能瞬间引发广泛的社会参与和动员效果。

3. 微博的"@"功能和"转发"功能衍生舆论引导力。微博用户通过"评论"功能对感兴趣的话题进行回应，此外，独特的"@"功能不仅鼓励用户积极回帖，而且记录了完整的信息流向。更重要的是，对话题内容进行"转发"，极易使特定的话题迅速聚合、瞬间放大，使得微博成为自由交换公众意见的观点市场，再加上意见领袖的引领，鲜明的观点很容易脱颖而出，形成以意见领袖为主导的舆论引导力。

二、微博内容管理的问题

（一）信息量大，审核难度大

微博用户的零成本发布信息，造成信息的过量，加之转发机制可以使信息快速流通，增加审查的难度，给内容管理带来巨大挑战。

如果一名有效率的员工每分钟阅读 50 条微博，就需要 1200 名审查者阅读每分钟发布的 6 万多条微博。如果一名员工每天工作 8 小时，就需要近 4000 名员工来删除敏感的内容，这显然是不可能的。

（二）谣言和虚假信息的集散地

随着信息传播过程中把关责任的下移，自媒体人未经过专业训练，缺乏基本的新闻伦理和素养，因此，在传递信息的过程中可能有偏激的、失实的信息。由于此类信息常常具有刺激性或迎合某种社会情绪的内容，容易被网友转发，因而形成虚假信息被大量转发或评论的情形。微博内容中时常夹杂一些恶意和有害的虚假信息等，借用微博编造和散布谣言，造成了社会混乱，引发公众恐慌情绪，大大增加了社会的运行成本。

（三）"网络水军"泛滥

一些人利用微博注册软件、粉丝刷号器生成了不少虚假粉丝微博，由虚假粉丝组成的"微博水军"借助庞大的粉丝群体打造热点话题，引导舆论影响事件，成为微博营销的工具。据调查，草根微博排行榜前 50 名中，大部分并不是以交流为目的的网民，如"冷笑话精选""全球时尚""爱情物语"等都是被投资实体有组织、有目的地通过微博传播公关软文、发广告、卖产品实现盈利。如此一来，就使微博成为大量信息垃圾存在的空间，使网络的真实性、可信性大为下降。

（四）政务微博的应对能力不足

随着近几年微博的快速发展，网络问政的兴起，党政机构纷纷开通微博，已经覆盖从中央到地方多个行政层级及众多职能部门，截至 2015 年底，全国政务微博数量超过 17 万，比 2012 年增长近 2.5 倍。目前，有些政府把开微博作为一种形象工程，成为政府公共网站的一个变身，很多的微博只是注重政策信息、规章制度、会议日程等的发布，对于大众真正关心的问题则避而不谈，欠缺与公众的双向信息交流。尤其是对重大网络突发事件,对微博环境下网络舆论的重要性和影响力重视不够,严重影响了事件的处理进程,损害了党和政府的形象、公信力和权威。此外,少数官员在微博上发表不当言论,造成了极大的负面影响。

政务微博自产生以来,就成为社会各界关注的焦点。一些更新缓慢、反应迟钝、互动滞后的政务微博也屡屡被媒体曝光。仅就媒体相关报道情况来看,先后有广州、无锡、郑州、漳州等地的部分官方微博因久不更新惹网友吐槽,被当地媒体点名,甚至引起全国舆论的关注。目前存在一些为了赶潮流、装门面、当任务而开设的政务微博,这些微博在开通后往往是敷衍了事,或者只有三分钟热度,完全失去了政务微博本身的意义。

三、微博管理与审查体系

(一)逐步完善的管理规定

新浪微博在 2009 年 8 月正式上线后,刚开始基本上处于"野草式生长"状态,广大网民也开始在微博"跑马圈地",各种管理规定和制度尚未完善,这也在一定程度上引发了 2010—2011 年微博用户的爆炸式增长。随着注册用户数量的不断增加,微博上出现了一些负面或者影响社会稳定的内容,一些人通过匿名方式发布虚假信息和攻击他人的内容,微博的管理与审查问题开始浮出水面。

2012 年 5 月 28 日,新浪微博正式执行国内首个微博社区公约。在整合各方网友意见的基础上,该公约明确了微博用户权利、用户行为规范及社区管理机制,并建立了公开透明的违规处理机制。在《微博社区公约》第三章"用户行为规范"中,明确要求用户账号信息和发布内容不得违反国家和政府的相关规定。

例如,不得设置含有以下内容的账号信息:

1. 违反国家法律法规的。

2. 包含人身攻击性质内容的。

3. 暗示与他人或机构相混同的。

4. 包含其他非法信息的。

同时,在《微博社区公约》第三章的第十四、十五、十六条中明确提出,用户不得发布垃圾广告;用户不应发布不实信息;用户应尊重他人名誉权,不得以侮辱、诽谤等方式对他人进行人身攻击。此外,公约还对隐私权、肖像权、安宁权、著作权等方面进行了特殊保护。

作为与《微博社区公约》配套的《微博社区管理规定》对于违规行为界定、违规行为处理流程、违规行为处置予以了明确,包括危害信息、不实信息、用户纠纷违规的界定以及处置办法。对于可明显识别的违规行为,由新浪微博直接处理;其他违规行为，由社区委员会判定后处理，新浪微博服从社区委员会的判定结果。2013 年 7 月后，新浪微博在《微博社区管理规定》中又正式引入"信用积分"管理制度，发布不实信息的用户将被扣除信用积分，信用积分扣完即被注销账号。《微博社区管理规定》显示，每个微博用户有 80 分的原始积分，发布不实信息将被扣除相应的信用积分，如通过微博公开进行人身攻击的扣除信用积分 2 分，冒充他人的扣除信用积分 5 分或冻结账号等，同时在个人资料页中载明因发布不实信息而被扣分。低于 60 分时个人昵称后会被标注"低信用"，积分被扣至零分时账号将被注销。

2015 年 7 月首都互联网协会新闻评议专业委员会上披露的数据显示，一年以来，新浪微博社区管理中心共接收用户举报超过 1500 万次，其中处理骚扰用户的垃圾广告 1200 多万次，处理淫秽色情危害信息 100 多万次，处理用户纠纷及不实信息 200 万次。如今，新浪微博的不实信息举报量已经从一年前的日均 4000 条下降到现在的 500 条，下降率达 87.5%。从举报数据的下滑来看，在《社区公约制度》的推动下，新浪微博渐入佳境，逐渐完善成一个有自我净化能力的社会信息平台。

（二）新浪微博审查手段

因为新浪微博在中国境内拥有几亿的注册用户，注册用户数量庞大，微博消息传播速度极快，且消息影响面很广，所以新浪微博在中国国内和国外的多次重大事件中均进行了严格的审查，其中的审查方式包括：

1. 对用户发言的内容进行事前审查。若发现含有敏感词的消息，可能根本无法发出或发送后会显示"微博发布成功，目前服务器数据同步可能会有延迟，请耐心等待 1～2 分钟，谢谢"，但事实上该微博有可能已经被直接删除，也有可能发出后发帖人看起来一切正常，但别人完全看不到。

2. 利用搜索功能进行关键词过滤，若搜索含有关键词的字句，则提示"根据相关法律法规和政策，搜索结果未予显示"。

3. 部分用户的个别消息无法被公开阅读，只能登录后阅读，限制消息传播范围。

4. 禁止 Google 等短缩链接服务和部分网站网址的传播。

5. 使用 Unicode 编码形式的藏文发送的微博文章，虽然能成功发布，但在 0.5～1 小时内其他用户无法阅读。

从微博的过滤机制来看，其中主动过滤机制包括：显式过滤，微博通知发帖人他们的帖子内容违反了内容政策；隐式过滤，微博需要在手动审查帖子后才会允许帖子上线；伪装发帖成功，实际上其他用户看不到发帖人发出的帖子。在技术方面，微博的审查系统已经通过人工和软件监控，套用能启动不同审查程序的多个封锁关键词列表、搜索过滤系统等，形成了一个极度复杂的系统。

第四章　网络社会治理

第一节　网络社会的治理目标和原则

网络社会治理的框架主要包括网络社会治理的目标、原则、主体、路径等，强调治理主体协同共治，形成健康有序、良性发展的网络社会状态。

一、网络社会治理目标

价值观作为意识形态的一种特殊形式，表达了观念拥有者的需要、利益、情感、愿望、理想和追求以及实现它们的方式，既是一定的价值目标、价值手段、价值标准确立的出发点和依据，又是这些目标、手段、标准的本质体现。以谁的需要和利益作为价值的出发点，把谁看作价值的主体，是任何一个政府都必须回答的根本问题。在这个基本目标之下，要正确处理好三组关系。

（一）处理好自由与秩序的关系，营造风清气正的网络空间

我国《宪法》第三十五条规定，公民享有言论自由，保障了公民在法律范围内有通过语言自由表达思想和见解的权利。但是，自由地表达需要借助一定的平台才能得到传播，才能对受众发生影响。传统社会中的普通民众由于占有的资源较少，在社会阶层中的位置和序列较低，经常无法有效、有力地发表言论。互联网为人类创造了前所未有的自由表达意志的途径，信息的生产者和传播者不再局限于专业化和组织化的传播机构，每个可接近传播终端的个体都能参与到信息的发布和互动中去。网络的世界里没有中心、没有阶层、没有等级关系，每个人都可以平等地发言。与现实社会中的人际交往相比，网络交往保障了所有网民的话语权，在人类历史上第一次将个人从中心到边缘的组织模式中解放出来。此外，网络空间的匿名性也使得人们可以摆脱道德伦理的限制，自由地呈现本我、释放本能。"本我"充满了本能提供的能量，但是没有组织，也不产生共同意志，它只是遵循快乐原则，力求实现对本能需要的满足。在缺乏理性自觉和意识的情况下，信息生产和发布的便利也带来了低俗语言流行、淫

秽内容流传、网络谣言和网络暴力时有发生的现象。然而，网络空间不能无序发展，网络语言不能野蛮生长。网络生态空间是现实社会生态的延伸和反映，是亿万民众共同的精神家园。要本着对社会负责、对人民负责的态度建设好网络空间。

网民作为网络舆论的信息发布主体，应当明白"互联网不是法外之地"，法律底线不可逾越，在网下不能做的事情在网上同样也不能做。特别是在网络冲突加强、谣言肆虐的情形下，更需要借助一定的法律和制度保障维护网络空间的秩序，防止虚拟空间的言语失序导致现实生活中的行为失序。要引导网民提升和发展自己内在精神的价值，面对互联网上形形色色的社会思潮，面对五花八门的奇谈怪论，面对各种各样的利诱蛊惑，能够不断强化道德意识，自觉约束自己的网络行为，养成良好的网络习惯。

（二）处理好互联网发展与安全的关系，持续推进网络强国战略

当今时代，互联网技术及其创新应用在经济社会发展中的作用日益凸显，是否拥有"网络化的信息经济"成为生产力发展水平高低的一个重要标志。目前互联网技术的内涵已经包括移动互联网、物联网、云计算、大数据、人工智能、虚拟现实等，这些技术和产业发展相结合，不仅能够促进产业结构的转型升级，而且能够解决生产、生活过程中许多人类干不了、干不好或者不愿干的问题，如手机支付免除了携带现金的烦恼，深海机器人可以抵达人类身体极限之外的海域，智能工厂可以为每一个人量身定制衣服、为每一个家庭设计生产电器，物联网和大数据可以为社会信用体系的建构提供技术平台，使人类在和谐发展的方向上又迈出了一大步。资源要发挥出最大作用，就要将其用到最需要的地方，实现的方法就是通过市场流通达到最佳位置，而引导带动资源流向优化的第一要素就是互联网上的信息流。可以说，谁站在互联网发展的制高点上，谁就拥有了经济社会发展的制高点。在互联网发展的初期，网络安全相较于推广应用而言并没有得到足够的重视，随着互联网的快速发展和高度普及，那些被忽视的网络安全问题开始凸显。现在网络终端已经遍及千家万户，网络应用已经深度融入人们的日常生活中并成为不可或缺的一部分。与此同时，网络空间的开放性、互通性使得网络黑客或犯罪分子、敌对势力能够从互联网的任何一个节点入侵某个特定的计算机或网络，窃取相关信息，实施破坏活动。这些活动轻则损害个人或企业的利益，重则危害社会公共利益和国家安全。比如，个人信息被窃取、滥用给许多公民带来了痛苦，勒索病毒软件感染了全球数十万台机器。截至 2016 年 12 月，360 安全中心监测到全国感染过病毒木马程序的 PC 数量为 2.47 亿台，感染恶意程序的安卓智能手机共 1.08 亿台。

（三）处理好互联互通与网络主权的关系，建设多边、民主、透明的国际互联网治理体系

只有着眼于全球网络互联互通，各国携手共同谋划网络空间建设，才能真正搭建起全球人民都能平等共享的网络平台，实现不同经济文化之间的交流融合。但是，不同国家的互联网发展水平参差不齐，信息鸿沟成为阻挡全球共享互联网机遇的羁绊。因此，需要共同推动全球网络基础设施建设，使得互联网能够覆盖越来越多的国家和地区，使得信息资源能够充分联通和流动，促进资源配置优化，让包括发展中国家在内的世界各国共享互联网发展机遇。网络主权是一个国家的主权在网络空间的自然延伸，表现为独立自主地发展、监督、管理本国互联网事务的权利。目前全球互联网共有十三个根服务器，它们决定了全球互联网域名和 IP 地址的分配，是互联网运行的主动脉。而这些服务器中一个主根服务器设在美国，其余十二个副根服务器中的九个也设在美国，美国经常利用这些资源干涉其他国家的网络主权，也一直不愿意交出根服务器的共享权。

可见，处理好互联互通与网络主权的关系，首先要强化网络基础设施建设，让更多的国家和地区共享互联网发展的成果，没有互联互通，就不存在网络主权；其次要承认和尊重各国的网络主权，每一个国家都可以根据自己的国情自主选择网络发展道路、网络管理模式、互联网公共政策。在另外一个层面上来说，没有网络主权，互联互通就没有任何价值，甚至还会起到反作用。

二、网络社会治理原则

依法治理。伴随互联网的迅猛发展，网络社会生活不可避免地出现了一些失序现象，如侵犯隐私、网络暴力、数据鸿沟等，法律法规的颁布往往落后于网络社会的发展，因此，政府应该加快立法，及时出台法律规范，以法律为准绳来规范和约束各网络治理主体的网络行为，积极立法，严格依法办事，司法机构负责对治理主体之间的争议独立裁决，维护治理主体的正当权益，保障网络社会健康、良性运行。二十多年来，中国已出台了大量涉及互联网的法律法规，至今已基本形成了涵盖不同法律层级和互联网主要领域的法律体系，既有原则性规定，又有具体的实施细则，初步实现了互联网管理"有法可依"的目标，为互联网管理提供了基本的法律保障。

协商民主。代表了各种利益群体整合后的观点，有助于赢得治理的合法性，能够充分调动公民社会组织的积极性和责任感，有助于处理日益复杂的公共事务。同时，协商民主可以重塑政府和公民之间的信任关系，形成具有凝聚力的共同体。当前，我国网络上的失序行为呈现出高发态势，政府在处置过程中既不能不管、不闻、不问，

也不能独断专行，而是要以协商民主的精神重构公共政策的范式，加强政府与媒体、网民的交流沟通，通过制度性的理性对话，使得参与冲突的多个主体能够充分表达自己的诉求，明确各方的利益，提供经得起批判性检验的理由和依据，进而将经过讨论的具有认知理性的意见吸纳到公共政策中去，为有效处置网络失序行为奠定良好基础。

博弈互动。博弈是指在一定的游戏规则约束下，各参与人基于直接相互作用的环境条件，依靠所掌握的信息选择各自策略（行动），以实现利益最大化和风险成本最小化的行动，是一个相互影响的决策过程。"非合作"并不意味着每个参与人总是拒绝与其他人合作，而是指在博弈中只是根据他们的自我利益进行决策，而没有考虑、平衡其他参与者的利益。各参与者要采取合作的方式。博弈主体之间会有不同的利益偏好和利益诉求，可以利用博弈分析工具来找出不同主体之间的利益关系和利益诉求，用制度来解决不同利益主体之间的利益不均衡问题。博弈论非常重视信息的作用，认为信息对博弈主体的策略选择具有决定性作用。基于合作的完全信息博弈可以保证参与者的充分相互了解，有利于生成共赢的博弈结果。而在不完全信息结构模式下，参与者无论是合作的还是非合作的，都容易造成"囚徒困境"的不良均衡结果。完全信息的重要性就在于可以促进相互交流，通过妥协以达成合作，在利益曲线上找到一个合适的均衡点来解决彼此之间的冲突。在信息时代，政府如果有意无意地采用"信息孤岛"策略，民众则可以从互联网或者其他渠道获得信息，使得双方的冲突升级。

变中求序。秩序一般是指事物之间或事物内部要素之间有规则地联系、运动和转化，表现为有条理地、有组织地安排各构成部分，以求达到正常运转或良好外观的状态，体现了自然进程和社会进程中内在的一致性、连续性和确定性。互联网进入中国后，对社会经济文化的发展产生了许多积极影响，也对社会秩序产生了严重冲击。人肉搜索、网络攻击等行为伤害了公民的隐私权和名誉权，虚假信息的滋生蔓延造成了社会成员的恐慌混乱。因此，网络社会治理应当以秩序为导向，通过形成网络社会生活中的基本行为规范，促进各类网络主体之间的有序互动，为网络社会的共同生活建构出必要的秩序状态。在辩证法的视野中，有序和无序是相对的，世界上没有绝对的有序，也没有绝对的无序，有序和无序也在不断发展变化中，一切事物都是有序和无序的矛盾统一体。网络社会有序性的目标要求人们自觉遵守公共规则，因为遵守规则会降低社会运行成本，确保清朗的网络环境。然而，许多规则是从实践中产生和摸索出来的，相对于丰富多彩又不断变化的网络世界，规则的出现毫无疑问有着滞后性。当下，互联网技术发展一日千里，而且正以难以估计的速度继续推进着。尼尔·巴雷特（Neil Barrett）曾经说过："要想预言互联网的发展，简直就像企图用弓箭追赶飞行的子弹一样。哪怕在你每一次用指尖敲击键盘的同时，互联网就已经在发生巨大变化。"网络社会的运行机制也需要随着技术和社会的发展而不断变化，通过不断创新实现有序和无序的动态平衡。因为，危机并非无迹可寻。

第二节　网络社会治理的主体和路径

党委、政府、互联网服务商、行业组织、网民等多元主体，在中国的互联网管理实践中扮演着不同角色。按照不同的分工履行着不同的管理职责，在频繁的管理实践互动中构建各自的认同，从而形成了具有中国特色的"多层级—多偏好"治理体系。

一、治理主体

领导者——政府。是一个国家政权体系中依法享有各类管理权力的组织体系，对公共事务管理有着不可推卸的责任。政府对公共事务的管理方式也是一个不断演进的过程，总的趋势是从传统的政府统治发展为近代的政府管理，再从近代的政府管理发展为现代的政府治理。管理通常指政府以行政效率和社会利益为基本考虑标准，运用一定职能和手段对管理客体加以调节和控制的过程。在网络时代，社会组织结构呈现扁平化特征，各类行动主体可以摆脱集权式社会组织结构的束缚，自主地、独立地参与到公共事务中去，使得网络集群行为的治理成为可能。

协助者——网络服务商与行业组织。媒体在报道网络集群行为的过程中，要把社会效益放在首位，担负传播先进文化、弘扬民族精神、维护国家利益、促进经济发展、推动人类文明的社会责任，要遵守法律和道德的界限，监督和规范网络言论的表达，既敢于揭露和揭发社会不良行为，又能正确引导社会舆论，减少公众对现实的厌恶感，为政府部门正确处置网络集群行为提供参考性意见，为网络净化提供有力的支撑。首先，不要为了追求点击率而进行选择性报道；其次，这些词语会刺激集群行为参与者的神经，不利于事件的平息和问题的解决。

参与者——网民。首先，数字化世界是一片崭新的疆土，可以成为融合共生的场所，也可以成为不良行为滋生、喧嚣的阵地。对于发生在匿名、开放、互动的网络空间中的社会治理，不仅网络管理者需要做好管理、引领工作，网民本身也需要进行参与式治理。其次，网民应当具备社会责任感和民族自豪感，努力形成和增强同主流价值观相一致的道德情感，以理性、公正、客观为原则，谨慎处理网络信息，发布积极、负责的意见，促进网络冲突的合理解决，维护健康稳定的网络环境。一个网络主体自发形成自觉和自律行为的过程，是一个有效实现自我组织、自我管理、自我调适和自我发展的网络社会生活过程。最后，网民要培养和提升自己的网络道德意志，网络环境是匿名的，通过数字、代码的形式即可发言。网络文化冲突的参与者是以虚拟的身份扮演各种角色，从事各种行为，体验不同感受。一般而言，匿名性越强对参与者释放本能冲动的诱惑就越大，个体行为自由化的可能也就越大，网络文化冲突中比比皆是的非理性表达早已从事实层面证明了这一点。为了对抗不断增加的本我的放任可能，就需要网民提高超我的控制力，通过道德自律加强自我的约束，把网络上的文化冲突控制在理性、法制的轨道中。

二、治理路径

政府主导。作为政策执行者的职能部门和地方政府必须贯彻和落实中央政府的互联网治理意图，在这种逻辑驱动下，政府深度介入网络社会治理，行政管治的力度不断加强就成为必然趋势。如果说构建多元共治框架是中国网络社会治理方式创新的理想模型，那么，强化政府主导下的网络社会治理则显然是更为现实的路径。作为重要的一极，政府管治是网络社会治理中不可或缺的一部分，而政府主导地位的确立既是当前中国政治现实的安排，又源于政府管制网络社会的强大内在驱动力。作为网络社会治理系统的领导者，中央政府基于对互联网的认识和判断而作出的全局性互联网管治意见和指令，并非随性而为的，安全稳定的互联网管治目标是中央政府管治的直接动力和合法性来源，而全能主义体制下形成的管治思维强化着中央管治互联网的路径依赖。作为政策执行者的职能部门和地方政府必须贯彻和落实中央政府的互联网治理意图，在这种逻辑驱动下，政府深度介入网络社会治理，行政管治的力度不断加强就成为必然。

多元共治。多元共治机制源于公民社会理论、治理理论、新公共管理理论和新公共服务理论。公民社会理论强调社会相对国家的独立存在和运行，以及国家与社会之间的互动；治理理论强调社会管理的权力结构由政府单边的自上而下的管理转变为多主体参与的多中心合作治理网络，社会管理的方式由依赖政府权威和惩戒转变为多主体共同协商、分权合作与自律自治；新公共管理和新公共服务理论强调社会管理过程中市场力量的引入、服务质量和公平公正价值的重视。根据这些理论的基本框架、要素和解释逻辑，理想设计中的"多元共治"给我们展现出这样一幅场景：在社会管理中，政府有限而有效，公民社会活跃而自主，政府、市场与社会之间界限清晰、结构合理、功能互补、力量均衡、理性互动、和谐共生；社会管理主体多元化，党委、政府、社会组织、人民团体、企业等公私机构和公众均为社会管理的主体，相互之间地位平等，在社会事务上相互合作、责任分担；治理主体之间除了控制，更多的是基于市场原则、公共利益和相互认同之上的沟通交流、平等协商与相互妥协；提供优质的公共服务，实现、维护和发展好公民的社会权利，是社会治理的价值归宿、最终目标和评价标准。从宏观层面看，国家将理想的社会管理格局概况为"党委领导、政府负责、社会协同、公众参与、法治保障"，它实际上就是从国家全面控制和包办的社会管理模式转变为国家主导的多主体协作治理模式。在理想状态下的多元主体合作共治模式，国家的治理理念能得到社会的认同，国家的治理政策在多元主体的博弈和协商基础上产生，并能得到互联网服务商、行业组织和网民的普遍认可和自愿合作。

法治保障。科学立法是社会治理法治化的起点，要加强网络社会治理立法规划和顶层设计，着力改善法律体系结构。加强立法规划和顶层设计，并不只是强调立法规划自上而下的组织机制和最高立法机关的主导作用，更重要的是，必须根据互联网的内在属性、运行规律和发展趋势，结合网上与网下的立法关系，从互联网管理和发展的全局来规划和设计互联网立法的结构与体系，体现的是全局性、系统性、协调性和科学性，避免过去立法"头痛医头、脚痛医脚"的随性和碎片化。

技术控制。大数据时代，借助大数据平台和大数据技术，社会公民在网络社交媒体上发表的海量意见和观点能够被以"数据"的方式汇总到政府大数据平台处理中心，再由政府通过大数据系统关联分析、预测分析等途径，对这些重要的数据资源进行收集、分析、开发、利用，及时发现公民参与政策制定的社会热点话题，识别互联网信息传播过程中起主导作用的公共舆情"意见领袖"，判断社会公众对不同领域当前政府政策过程的情感倾向性，以及判断社交媒体中社会公众对政府政策的态度和认可程度。从而指导政府根据大数据反馈的公民意见在网络社会治理过程中及时调整优化各项公共政策，及时缓解社会矛盾，预防处理各种社会舆情危机事件，促进网络社会的健康有序运行。

自律管理。网络社会的自律管理包括行业自律和网民自律。行业自律是指除了互联网立法体系之外，由行业组织和互联网企业等治理主体对互联网主体在互联网空间中的行为所设定的规范和标准，并利用行业的整体力量对互联网从业者产生影响，对整个互联网行业的发展起着约束和引导作用。行业自律的方式包括以下几个方面：第一，通过发布行业自律公约，鼓励督促互联网企业遵循互联网行业自律规范。如美国计算机伦理协会制定的《计算机伦理十戒》和中国互联网协会发布的《中国互联网行业自律公约》等都在净化互联网生态环境，在促进互联网健康有序运行方面起到了积极作用。第二，安装过滤软件、设置举报热线、黑名单管理等技术手段来制止和处理网络空间中的违法违规现象。如俄罗斯的网络空间实行的"黑名单"和"白名单"技术，我国网络空间实行的关键词屏蔽和网络实名制、互联网不良信息举报等技术。

第三节　网络空间命运共同体

"网络空间命运共同体"是指在互联网范围内，跳出单个国家在网络空间生存和发展的认识局限，把整个世界的网络联通视为不可分割的整体，构建以合作共赢为核心的新型国际网络关系，各国在网络空间内共享利益、共担风险。

一、网络空间命运共同体的内涵

在 2016 年 11 月 16 日开幕的第三届世界互联网大会上，习近平总书记提出"网络空间命运共同体"的思想，主要包括平等尊重、创新发展、开放共享、安全有序四个方面的内容，这四项目标共同绘制了网络空间的美好蓝图。首先，平等尊重是构建网络空间命运共同体的基本要求。根据中国 2017 年 3 月颁发的《网络空间国际合作战略》，网络空间命运共同体是遵循主权平等与合作的原则进行国家间网络治理的合作，任何国家无论政治经济有何差异，每个国家都具有平等的权利和地位，共同参与网络共治与合作，共享网络带来的利益，共同守护网络安全，从而形成责任共担、利益共享的全球网络发展格局。国家之间互不隶属、互不管辖，对网络空间命运共同体的规则制度的服从和接受都是自愿的，其他国家不能强迫或者威胁其必须遵从。其次，创新发展是构建网络空间命运共同体的根本动力。繁荣的互联网经济吸引着越来越多的国家将目光转向网络经济这块"蛋糕"，而技术创新能够推动社会的发展，更好地将网络经济做大做强。如今网络空间存在着各种可知和不可知的"暗礁险滩"，必须用创新来推动观念更新和规则革新，以使先进的技术与应用得以全球分享。尤其要打破部分发达国家的技术垄断，通过在技术和产品上的创新来进行多元化的竞争，形成良性互动，共同维护网络空间的和谐稳定。再次，开放共享是打造网络空间命运共同体的前进方向。网络空间命运共同体将全世界不同国家、不同肤色的人们联结成密不可分的整体，目的就是将网络空间打造成为超越国界、边界的生活领域，这也要求参与其中的各个国家本着开放的态度来促进信息的交流和共享。《网络空间国际合作战略》中明确提到在网络合作和网络建设中要坚持普惠原则，兼顾所有国家的网络权益，缩短网络发展差距。不断提高网络空间开放水平，能够创造更多的合作机会，搭建更大的合作平台。技术创新驱动实践发展，分享经济、网络出行、人工智能、电子商务以及"互联网＋"的生活模式，开放的互联网带来了无限的可能，让全世界越来越多的人凝聚成息息相通、利益共享的命运共同体。最后，安全有序是网络空间命运共同体的根本保障。网络空间的稳定发展离不开安全有序的制度秩序，有序是安全的前提，安全是有序的目的。当前，网络威胁是国际社会面临的主要安全威胁之一，从网络犯罪、网络恐怖主义进一步发展到国家间网络冲突、网络军事化等高级别的表现状态，现实世界的安全威胁全方位延伸到了网络空间，没有任何一个国家可以独善其身。世界各国尤其是发展中国家，应携起手来应对网络问题，维护网络空间秩序，共同承担创建安全有序的网络空间命运共同体的责任。

二、构建网络空间命运共同体的现实挑战

网络空间的国家主权和安全不断地面临挑战，导致网络空间命运共同体的构建在现实社会中困难重重。

第一，网络大国之间存在利益分歧。一方面，美国在网络空间实施霸权主义和强权政治。2020年7月12日，据《华盛顿邮报》报道，美国总统特朗普首次证实，2018年他批准了美国对俄罗斯名为"俄罗斯互联网研究所"的网络研究机构进行一次秘密网络攻击，并且导致部分相关网站陷入瘫痪。美国是互联网技术的发源地和网络关键基础设施的控制国。另一方面，网络发达国家使用互联网技术来渗透本国意识形态。由于网络空间的虚拟性和开放性，它促进了西方错误思潮的宣传，网络空间已然成为当前意识形态斗争的重要战场。

第二，网络空间安全威胁形式多样。网络攻击，即黑客破解或破坏某个程序、系统及网络安全。目前最有效的互联网攻击形式是DDoS攻击，《我国DDoS攻击资源分析报告（2020年第1季度）》显示，2020年第1季度利用"肉鸡"发起DDoS攻击的活跃控制端有1294个，境外控制端按国家和地区统计，最多位于美国、荷兰和德国。网络犯罪，既包括洗钱、贩毒、贩卖人口、走私等传统犯罪活动的虚拟化，也涵盖了数据窃取、网络钓鱼和网络诈骗等互联网所特有的犯罪行为。2019年我国收到网络诈骗举报15505例，人均损失为24549元，从诈骗数量来看，金融诈骗是举报量最多的。近年来，有组织的网络犯罪数量激增，其高科技、隐蔽性和跨国性给国家、企业和个人安全带来了前所未有的损害。网络恐怖主义，是指非政府组织或者个人有预谋地针对计算机系统、程序和数据信息发起攻击，以破坏政治稳定和经济安全、扰乱社会稳定和制造民众恐慌为目标的恐怖活动。网络间谍，2000年10月28日，美国微软公司的计算机网络系统被一批身份不明的"黑客"入侵，可能窃取了该公司最新版本Windows软件和Office套装软件的源代码。互联网时代，计算机网络为间谍提供了快速、高效的手段。网络战争，即一国对敌国的网络空间进行的以干扰或破坏军事信息系统、武器装备和关键基础设施为目的的网络攻击。

第三，网络基础设施建设参差不齐。网络空间实际上是由网络发达国家控制，美国长期以来一直垄断基础网络资源。一方面，传统基础设施不平衡。全球互联网资源分配的严重失衡已导致各国之间互联网信息技术和利用能力的巨大差距。根服务器、根区文件和根区文件系统是维系网络空间正常运转的关键资源。然而全球13台根服务器实际上均处于美国的掌控之下，10台在美国本土，3台在其盟国（日本、荷兰与瑞典）。虽然2016年10月1日的"IANA移交"标志着美国政府正式退出根区事务的管理，但是，没有从根本上改变美国对ICANN的控制现状，也没有削弱美国在国

际互联网治理体系和全球互联网资源管理中的领导作用。另一方面，新型基础设施新挑战。2019 年 6 月 6 日，工业和信息化部向中国电信集团有限公司、中国移动通信集团有限公司、中国联合网络通信集团有限公司、中国广播电视网络有限公司等四家基础电信企业颁发了 5G 牌照，标志着 5G 商业化的开始。新型基础设施包含 5G、工业互联网、物联网等硬件设施，以及人工智能等抽象软件系统，从而实现了从现实世界到虚拟世界再到现实世界的连接。然而，随着中国新型基础设施建设的迅速发展，一些发达的西方资本主义国家利用网络空间技术优势肆意侵犯别国的网络空间主权，严重损害了网络发展中国家的网络权利，并使其丧失了在网络空间的话语权。

三、基于网络主权构建网络命运共同体的路径选择

（一）确立网络空间主权边界，积极应对网络安全威胁

当代信息技术的发展为各国确立网络主权边界提供了更大的可能性。由于对互联网的广泛使用依赖于相应的有形设施，一个国家只要控制了这些有形设施，就能够控制网络空间。

国家主权是当代民族国家的固有权利，通过确立网络空间主权的边界，清晰界定主权国家在网络空间的管辖范围，以此积极面对网络空间的安全威胁。习近平总书记强调"安全和发展是一体之两翼、驱动之双轮"，为了有效应对未来的网络空间安全风险，必须加大互联网技术的自主研发，以保护本国人民免受网络暴力，特别是网络恐怖主义的侵害，拥有属于自己的关键核心技术，才能消除网络风险引发的国家安全威胁，进而在激烈的互联网技术竞争中赢得优势。

（二）推进网络基础性设施建设，促进网络空间的秩序公平

"巧妇难为无米之炊"，网络空间命运共同体的建设，首先需要加强各国的网络基础性设施建设。从国际视角看，尽管在全球范围内，互联网实现了技术互联，但是由于不同国家、地区、行业、企业和社区之间信息技术和网络技术的开发程度、应用程度和创新能力存在差异，网络发达国家和网络发展中国家在网络空间的信息落差及贫富差距越发呈现两极分化的趋势，网络空间关键性基础设施自主可控是捍卫网络空间主权的基石，中国虽然是网络新兴大国，但是我国在网络空间的硬实力与西方网络发达国家相比仍有较大差距。目前，我国国内关键性基础设施的核心技术和产品仍处于网络中心国的控制之下，需要以政府和军队为主体，以企业为主导，产学研用相结合，进一步深入实施"创新驱动发展战略"和"网络强国战略"，协同攻关、以点带面、整体推进，不断提高核心软硬件产品的自主研发能力，加快推进信息技术和产品的国产化。

  网络强国应主动协助网络弱国弥合数字鸿沟，并积极让渡和分享网络资源和治理经验。中国致力于缩小网络发展的"数字鸿沟"，积极促进数字丝绸之路建设，通过发挥我国在信息基础设施和设备制造方面的优势，提高沿线国家网络质量的安全性和可靠性，提高互联网的可用性和可承受性。通过促进大数据、云计算、人工智能应用和智慧城市的建设，促进沿线欠发达国家的 5G 和下一代互联网的发展与建设，让广大发展中国家共享网络发展带来的机遇。"一带一路"沿线国家纷纷响应中国建立互联网交流管理平台的倡议，支持中国提出的促进互联网健康发展的主张。此外，构建网络空间命运共同体的关键在于以公平、合理、稳定、有序为方向，促进全球互联网关键资源管理的发展。网络发达国家应当公平分配重要的网络基础资源，例如国家顶级域名和通用顶级域名等，并且不破坏光纤电缆等关键性基础设施的稳定运行。

  然而，目前网络空间命运共同体的构建仍然面临着众多的挑战，作为全球最大的发展中国家，中国有必要在网络空间全球治理过程中担负起更大的责任，增强在网络空间治理领域的话语权，积极维护广大发展中国家的网络主权。事实证明，中国正在用实际行动践行"负责任大国"的理念，践行《联合国宪章》的主权平等原则，提出了构建互信共治的"网络空间命运共同体"主张，这既是中国智慧的时代表达，也体现了中国的大国担当。

第五章　网络安全管理

第一节　网络管理概述

一、网络管理的概念

随着计算机技术和 Internet 的发展，企业和政府部门开始大规模地建立网络来推动电子商务和政务的发展。伴随着网络业务和应用的丰富，对计算机网络的管理与维护也变得至关重要。网络管理（包括网络管理系统即"网管系统"）就是为了加强和完善网络的性能。人们普遍认为，网络管理是计算机网络的关键技术之一，尤其在大型计算机网络中更是如此。网络管理是指监督、组织和控制网络通信服务以及信息处理所必需的各种活动的总称，其目标是确保计算机网络的持续正常运行，并在计算机网络运行出现异常时能及时响应和排除故障。

二、网络管理的目的

目前，关于网络管理的定义很多，但都不够权威。一般来说，网络管理就是通过某些方式对网络进行管理，使网络能正常高效地运行，当网络出现故障时能及时报告和处理。这个过程包括了数据采集、数据处理、提交管理者进行数据分析、提出解决方案，甚至自动处理某些状况、产生报告等。其目的很明确，就是使网络中的资源得到更加有效的利用。一台设备所支持的管理程度反映了该设备的可管理性及可操作性。

国际标准化组织（ISO）在 ISO/IEC 74984 中定义并描述了开放系统互联（OSI）管理的术语和概念，提出了一个 OSI 管理的结构并描述了 OSI 管理应有的行为。它认为，开放系统互联管理是指这样一些功能，它们控制、协调、监视 OSI 环境下的一些资源，这些资源保证 OSI 环境下的通信。

三、网络管理的范围

网络管理的范围涉及两方面，即网络管理的对象范围和内容范围。网络管理的对象范围经历了由窄到宽的发展。以前网络管理主要是对少数常用的网络节点设备进行维护，现在则主要是管理所有支持代理进程（委托代理）处理能力的网络设备，包括从个人数字助理到大型计算机的全部计算机设备。网络管理可以运行在当代各种联网协议上。

另外，网络管理的内容范围也在不断扩大。第一代网络管理框架主要负责重要网络设备和核心运行统计数据的监视工作，当时对设备进行的控制是非常有限的。现在许多新的功能被加入管理的范畴，网络管理除了具有强大的监视、分析、控制能力之外，还能正确快速地诊断或修复网络故障，提供完整的报表处理功能，提供图形化的管理界面和先进的管理工具，并逐步完善加密和保密的安全机制，使网络的运行日益接近正常、经济、可靠、安全的目标。

四、网络管理的功能

根据国际标准化组织的定义，网络管理有五大功能：故障管理、配置管理、计费管理、性能管理、安全管理。这五大功能保证了一个网络系统正常的运行，在网管设计和实施中通常都需要考虑实现。与这五大功能相对应的五种管理形式常用首字母缩写词 FCAPS 表示。

F：Fault Management（故障管理）。

C：Configuration Management（配置管理）。

A：Accounting Management（计费管理）。

P：Performance Management（性能管理）。

S：Security Management（安全管理）。

（一）网络故障管理

计算机网络服务发生意外中断是常见的，这种意外中断有时可能会给社会或生产带来很大的影响。但是，与单计算机系统不同的是，在大型计算机网络中，当发生失效故障时，往往不能轻易、具体地确定故障所在的准确位置，而需要相关技术上的支持。因此，需要有一个故障管理系统来科学地管理网络发生的所有故障，并记录每个故障产生的相关信息，最后确定并排除故障，以保证网络能提供连续可靠的服务。

一个故障管理系统所具备的基本条件有如下几种：

1.监控和收集网络设备、流量情况以及实施过程方面的统计信息，以避免和预测可能性故障。

2.设置极限并对可能发生的网络故障发出警报，以警告网络管理端。

3.设置警报，报告网络设备和链路上的性能退化情况。

4.设置警报，报告网络资源（诸如硬盘空间）使用和限制情况。

5.遥控网络设备的重启、关机等操作。

6.集中化的故障管理系统可以实现以上所有功能。

典型的故障管理系统遵循以下几个步骤：

1.探测—分析—采取差错检测措施。

2.数据汇集。

3.差错处理—诊断。

4.事件记录—开始作用。

5.服务重启。

6.黑名单。

一旦出现故障，故障管理系统会产生一个报告并被发送至故障分析器。故障分析器诊断并记录故障问题。系统或个人根据故障分析器上的信息采取适当措施，如隔离差错、黑名单或故障部件，自动重启、修复服务以及更换系统管理员。

（二）网络配置管理

一个被使用的计算机网络是由多个厂家提供的产品、设备相互连接而成的，因此各设备需要相互了解和适应与其发生关系的其他设备的参数、状态等信息，否则就不能有效甚至正常工作。尤其是网络系统常常是动态变化的，如网络系统本身要随着用户的增减、设备的维修或更新来调整网络的配置。因此需要有足够的技术手段支持这种调整或改变，使网络能更有效地工作。

（三）网络计费管理

在信息资源有偿使用的情况下，网络计费管理系统必须能够记录和统计哪些用户利用哪条通信线路、传输了多少信息，以及做的是什么工作等。在非商业化的网络上，仍然需要统计各条线路工作的繁闲情况和不同资源的利用情况，以供决策参考。

（四）网络性能管理

由于网络资源的有限性，因此最理想的是在使用最少的网络资源和具有最小通信费用的前提下，网络提供持续、可靠的通信能力，使网络资源的使用达到最优化的程度。

（五）网络安全管理

计算机网络系统的特点决定网络本身安全的固有脆弱性，因此要确保网络资源不被非法使用，确保网络管理系统本身不遭受未经授权的访问以及网络管理信息的机密性和完整性。

第二节　简单网络管理协议

一、什么是 SNMP

SNMP 是简单网络管理协议 Simple Network Management Protocol 的英文缩写，它是由 Internet 工程任务组（Internet Engineering Task Force）为了解决 Internet 上的路由器管理问题而提出的。SNMP 不但提供了一种从网络上的设备中收集网络管理信息的方法，也为设备向网络管理中心报告问题和错误提供了一种方法。

SNMP 为网络管理系统提供了底层网络管理的框架。SNMP 的应用范围非常广泛，诸多种类的网络设备、软件和系统中都有所采用，主要是因为 SNMP 有如下几个特点。

1. 相对于其他种类的网络管理体系或管理协议而言，SNMP 易于实现。SNMP 的管理协议、管理信息数据库（MIB）及其他相关的体系框架能够在各种不同类型的设备上运行，从低档的个人电脑到高档的大型主机、服务器、路由器、交换机等网络设备。一个 SNMP 管理代理组件在运行时不需要很大的内存空间，因此也就不需要太强的计算能力。SNMP 一般可以在目标系统中快速开发出来，所以它很容易在新产品或升级的老产品中出现。尽管 SNMP 缺少其他网络管理协议的某些优点，但它设计简单、扩展灵活、易于使用，这些特点大大弥补了 SNMP 应用中的其他不足。

2.SNMP 是开放的免费产品。只有经过 IETF 的标准议程批准（IETF 是 IAB 下设的一个组织），才可以改动 SNMP。厂商们也可以私下改动 SNMP，但这样做的结果很可能得不偿失，因为他们必须说服其他厂商和用户支持他们对 SNMP 的非标准改进，而这样做却有悖于他们的初衷。

3.SNMP 有很多详细的文档资料，网络业界对这个协议也有着较深入的理解，这些都是 SNMP 协议进一步发展和改进的基础。

4.SNMP 可用于控制各种设备，如电话系统、环境控制设备，以及其他可接入网络且需要控制的设备等，这些非传统设备都可以使用 SNMP 协议。

正是由于有了上述这些特点，SNMP 已经被认为是网络设备厂商、应用软件开发者及终端用户的首选管理协议。

SNMP 是一种无连接协议，其无连接的意思是它不支持像 Telnet 或 FTP 这种专门的连接。通过使用请求报文和返回响应的方式，SNMP 在管理代理和管理员之间传送信息。这种机制减轻了管理代理的负担，它不必非得支持其他协议及基于连接模式的处理过程。SNMP 提供一种独有的机制来处理可靠性和故障检测方面的问题。

另外，网络管理系统通常安装在一个比较大的网络环境中，其中包括大量的不同种类的网络和网络设备，为划分管理职责，应该把整个网络分成若干个用户分区。为此，我们可以把满足以下条件的网络设备归为同一个 SNMP 分区：它们可以提供用于实现分区所需要的安全性方面的分界线。SNMP 支持这种基于分区名信息的安全模型，可以通过物理方式把它添加到选定的分区内的每个网络设备上。但目前 SNMP 中基于分区的身份验证模型被认为是很不牢靠的，因其存在一个严重的安全问题，即 SNMP 协议并不提供加密功能，也不保证在 SNMP 数据包交换过程中不能从网络中直接拷贝分区信息。只需使用一个数据包捕获工具就可把整个 SNMP 数据包解密，这样分区名就暴露无遗。因为这个原因，大多数站点禁止管理代理设备的设置操作。不过这样做有一个副作用，就是只能监控数据对象的值而不能改动它们，从而限制了 SNMP 的可用性。

二、SNMP 的发展

许多人认为 SNMP 在 IP 上运行的原因是 Internet 运行的是 TCP/IP，然而事实并不是这样的。SNMP 被设计成与协议无关，所以它可以在 IP、IPX、AppleTalk、OSI 以及其他用到的传输协议上使用。

IAB 最初制定 Internet 管理的发展策略时采用的是简单网关监视协议 SGMP（Simpie Gateway Monitor Prolocol）作为暂时的管理解决方案。但是在实际推广应用中，由于 SGMP 功能过于复杂，实施难度大，未能获得当时硬件厂商的支持。

最初的 SNMP 协议版本是 SNMPv1，它简单的定义：一个基本的用于实现设备的基础管理，涵盖了系统、网络、应用、服务等方面的内容，但几乎没有任何有效的验证方式。

后来又发展出了 SNMP，最常见到的是 SNMPv2c、SNMPv2c 与 SNMPv1 向后兼容，并且改善了安全模型和访问控制。

最新的 SNMP 版本是 SNMPv3，它不但采用了新的 SNMP 消息格式，在安全方面也有很大加强。最大的变化就是采用了一种基于视图的安全模型，使管理者可以基于组和用户来详细定义每个对象的访问权限。

由于 SNMP 协议一直在发展中，各厂商意见又不统一，因此 SNMPv2c 和 SNMPv3 并未得到广泛的支持，有的设备可能不支持高版本的 SNMP，但总是会支持 SNMPv1 的。

三、SNMP 的内容

SNMP 是一系列协议组和规范，它们提供了一种从网络上的设备中收集网络管理信息的方法。SNMP 定义了数据包的格式和网络管理员与管理代理之间的信息交换的方式，它还控制着管理代理的 MIB 数据对象，因此，可用于处理管理代理定义的各种任务。SNMP 之所以易于使用，是它对外提供了三种用于控制 MIB 对象的基本操作命令。它们是 Set、Get 和 Trap。

Set：它是一个特权命令，通过它可以改动设备的配置或控制设备的运转状态。

Get：它是 SNMP 协议中使用率最高的一个命令，因为该命令是从网络设备中获得管理信息的基本方式。

Trap：它的功能就是在网络管理系统没有明确要求的前提下，由管理代理通知网络管理系统有一些特别的情况或问题发生。

第三节　网络管理系统

一、网络管理系统的组成和功能

一个典型的网络管理系统包括四个要素：管理员、管理代理、管理信息数据库、代理服务设备。一般来说，前三个要素是必需的，第四个是可选项。

（一）管理员

网络管理软件的重要功能之一，就是协助网络管理员完成整个网络的管理工作。网络管理软件要求管理代理定期收集重要的设备信息，收集到的信息将用于确定独立的网络设备、部分网络或整个网络运行的状态是否正常。管理员应该定期查询管理代理收集到的有关主机运转状态、配置及性能等信息。

（二）管理代理

管理代理是驻留在网络设备中的软件模块，也称为管理代理软件。这里的设备可以是 Unix 工作站、网络打印机，也可以是其他的网络设备。管理代理软件可以获得本地设备的运转状态、设备特性、系统配置等相关信息。管理代理软件就像是每个被管理设备的信息经纪人，它们完成网络管理员布置的采集信息的任务。管理代理软件所起的作用是充当管理系统与管理代理软件驻留设备之间的中介，通过控制设备的

MIB 中的信息来管理该设备。管理代理软件可以把网络管理员发出的命令按照标准的网络格式进行转化，继而收集所需的信息，之后返回正确的响应。在某些情况下，管理员也可以通过设置某个 MIB 对象来命令系统进行某种操作。

路由器、交换机、集线器等许多网络设备的管理代理软件一般是由原网络设备制造商提供的，它可以作为底层系统的一部分，也可以作为可选的升级模块。设备厂商决定他们的管理代理软件可以控制哪些对象，哪些对象可以反映管理代理软件开发者感兴趣的问题。

（三）管理信息数据库

管理信息数据库定义了一种数据对象，它可以被网络管理系统控制。MIB 是一个信息存储库，这里包括了数千个数据对象，网络管理员可以通过直接控制数据对象去控制、配置或监控网络设备。网络管理系统可以通过网络管理代理软件来控制 MIB 数据对象。不管到底有多少个 MIB 数据对象，管理代理软件都需要维持它们的一致性，这也是管理代理软件的任务之一。现在已经定义的有几种通用的标准管理信息数据库，这些数据库中包括了必须在网络设备中支持的特殊对象，所以这几种 MIB 可以支持简单网络管理协议。使用最广泛、最通用的 MIB 是 MIB-H。

（四）代理服务设备

代理服务设备在标准网络管理软件和不直接支持该标准协议的系统之间起桥梁作用。利用代理服务设备，不需要升级整个网络就可以实现从旧版本到新版本的过渡。

通常对一个网络管理系统需要定义以下内容：

1. 系统的功能。系统的功能即一个网络管理系统应具有哪些功能。

2. 网络资源的表示。网络管理很大一部分是对网络中资源的管理。网络中的资源就是指网络中的硬件、软件以及所提供的服务等，而一个网络管理系统必须在系统中将它们表示出来，才能对其进行管理。

3. 网络管理信息的表示。网络管理系统对网络的管理主要靠系统中网络管理信息的传递来实现。网络管理信息应如何表示、怎样传递、传送的协议是什么，这都是一个网络管理系统必须考虑的问题。

4. 系统的结构。即网络管理系统的结构是怎样的。

二、网络管理软件的分类

网络管理技术是伴随着计算机、网络和通信技术的发展而发展的。从网络管理范畴来分类，网络管理软件（以下简称"网管软件"）可分为：对网络的管理，即针对交换机、路由器等主干网络进行管理；对接入设备的管理，即对内部 PC、服务器、交换机等进行管理；对行为的管理，即针对用户的使用进行管理；对资产的管理，即统计 IT 软、硬件的信息等。根据网管软件的发展历史，可以将网管软件划分为三代。

第一代网管软件就是最常用的命令型方式，结合一些简单的网络监测工具。它不仅要求使用者精通网络的原理及概念，还要求使用者了解不同厂商的不同网络设备的配置方法。

第二代网管软件有着良好的图形化界面。用户无须过多地了解设备的配置方法，就能图形化地对多台设备同时进行配置和监控。这就大大提高了工作效率，但仍然存在着由于人为因素造成的设备功能使用不全面或不正确的问题。

第三代网管软件相对来说比较智能，它是真正将网络和管理进行有机结合的软件系统，具有"自动配置"和"自动调整"的功能。对网管人员来说，只要把用户情况、设备情况以及用户与网络资源之间的分配关系输入网管系统，系统就能自动地建立图形化的人员与网络的配置关系，并自动鉴别用户身份，分配用户所需的资源（如电子邮件、Web 文档服务等）。

三、典型网络管理系统介绍

根据网络管理软件产品功能的不同，网络管理系统又可细分为五类，即网络故障管理软件、网络配置管理软件、网络性能管理软件、网络服务 / 安全管理软件、网络计费管理软件。一个完整的网管系统往往同时具备这五种功能，不过功能侧重点有所不同。当然，市面上现在也有许多小的工具软件，能辅助网络管理员实现网络管理的部分功能，它们也可以成为网络管理系统。

就国外网管厂商而言，主要有三大家：CA Unicenter、HP OpenView NNM 和 IBM Tivoli NetView。这些系统的优点是功能强大，覆盖网络管理的计费、认证、配置、性能和故障的各个方面；缺点是需要专业化的技术团队进行管理，投入大、实施周期长、运营和维护非常麻烦。下面将对一些典型网管软件的特点及适用对象等进行介绍。

（一）CA Unicenter

美国 Computer Associates 公司是全球领先的电子商务软件公司，Unicenter 就是 CA 公司的一套网管产品。Unicenter 的显著特点是功能丰富、界面较友好、功能较细化。Unicenter 提供了各种网络和系统管理功能，可以实现对整个网络架构的每一个细节（从简单的到各种大型主机设备）的控制，并确保企业环境的可用性。从网络和系统管理角度来看，Unicenter 可以运行在从小型到大型主机的所有平台上；从自动运行管理方面来看，Unicenter 可以实现日常业务的系统化管理，确保各主要架构组件（Web 服务器和应用服务器、中间件）的正常运转；从数据库管理来看，它还可以对业务逻辑进行管理，确保整个数据库范围的最佳服务。

Unicenter 网络管理主要解决两方面问题：设备管理和性能管理。它不仅可以对支持标准 SNMP 的设备进行直接管理，而且能够对不支持 SNMP 的网络设备进行管理，从而极大地扩展了设备管理的范围。在采集和汇总大量原始数据的基础上，Unicenter 的性能管理能根据客户考核指标的要求自动生成直观、易懂的性能报表，通过 Unicenter，来自各个系统、数据库、应用系统所产生的消息、报警等事件，将自动传送到管理员那里而无须等待系统轮询。管理员可以方便地对需要报告的事件和程序进行定义和修改，以满足客户的具体需要；根据这些事件，管理员也可以灵活地定义事件发生之后的相应措施。

Unicenter 适用于电信运营商、IT 技术服务商、金融、运输、企业、教育、政府等网管方面有大规模投入、IT 管理机构健全、维护人员水平较高的用户。

（二）HP OpenView NNM

HP 是最早开发网络管理产品的厂商之一，其著名的 HP OpenView 软件已经得到了广泛的应用。OpenView 集成了网络管理和系统管理各自的优点，形成一个单一而完整的管理系统。OpenView 解决方案实现了网络运作从被动无序到主动控制的过渡，使 IT 部门及时了解整个网络当前的真实状况，实现主动控制，而且 OpenView 解决方案的预防式管理工具临界值设定与趋势分析报表，可以让 IT 部门采取更具预防性的措施管理网络的健全状态。OpenView 解决方案是从用户网络系统的关键性能入手，帮其迅速地控制网络，还可以根据需要增加其他的解决方案。OpenView 系列产品具有统一管理平台、全面的服务和资产管理、网络安全、服务质量保障、故障自动监测和处理、设备搜索、网络存储、智能代理、Internet 环境的开放式服务等丰富的功能特性。

HP OpenView 网管软件 NNM（Network Node Manager）以其强大的功能、先进的技术、多平台适应性在全球网管领域得到了广泛的应用。首先，HP OpenView NNM 具有计费、认证、配置、性能与故障管理功能，功能较为强大，特别适合网管专家使用。其次，HP OpenView NNM 能够可靠运行在 HP-UX10.20/1l.X、Sun Solaris2.5/2.6、Windows 2000 等多种操作系统平台上，能够对局域网或广域网中所涉及的每一个环节中的关键网络设备及主机部件（包括 CPU、内存、主板等）进行实时监控，可发现所有意外情况并发出报警，可测量实际的端到端应用响应时间及事务处理参数。

目前，该产品主要应用在金融、电信、交通、政府、公用事业、制造业等领域。

（三）IBM Tivoli NetView

IBM TivoliNetiVicw 秉承 IBM 风范，关注高端用户，特别是 IBM 整理解决方案的用户。Tivoli NetView 软件中包含一种全新的网络客户程序。这种基于 Java 的控制台比以前的控制台具有更大的灵活性、可扩展性和直观性，可允许网管人员从网络中的任何位置访问 Tivoli NetView 数据。从这个新的网络客户程序可以获得有关节点状况、对象收集与事件方面的信息，也可对 Tivoli NetView 服务器进行实时诊断。

IBM TivolNetView 能监测 TCP/IP 网络，显示网络的拓扑结构，管理各种事件，监视系统运行和收集系统性能数据。Tivoli NetView 采用分布式的管理，减少了整体系统的维护费用。Tivoli NetView 兼容多种厂家的设备并拥有全球数百个厂商的支持。

目前，在金融领域，借助 IBM 主机在该领域的强大用户群体，IBM TivolNetView 占有超过 50% 的市场份额，在其他行业，如电信、食品、医疗、旅游、政府、能源和制造业等也有众多用户。比较适合网管方面有大规模投入，具备网管专家，而且 IBM 设备较多的用户。

除了上述三大网管软件外，还有许多优秀的网络管理软件，可满足各种不同的需求。国外的有 Cisco 公司的 CiscoWorks、3com 公司的 Network Supervisor、NetScout 公司的 nGenius Performance Manager 和硬件探针、Micromuse 公司的 NetCool 网管系统、Concord 公司的 Concord eHealth 软件套装等。通过分析企业需求，国内网络管理软件提供商提出了"基于平台级设计思路"和"面向业务"，实现对网络、服务器、应用程序的综合管理。另外，少数国内成熟专业的网管软件提供商已经推出拥有"完全自主知识产权"和"本土化"的网络管理软件，如游龙科技的 SiteView、北大青鸟的 Net Sure Xpert 网管系统、神州数码的 LinkManager、北邮的 FullView 等。

第四节　网络安全概述

20 世纪 70 年代以来，在应用和普及的基础上，以计算机网络为主体的信息处理系统迅速发展，计算机应用也逐渐向网络发展。网络化的信息系统是集通信、计算机和信息处理于一体的现代社会不可缺少的基础。计算机应用发展到网络阶段后，信息安全技术得到迅速发展，原有的计算机安全问题增加了许多新的内容。

同以前的计算机安全保密问题相比，计算机网络安全技术的问题要多得多，也复杂得多，涉及物理环境、硬件、软件、数据、传输、体系结构等各个方面。除了传统的安全保密理论、技术及单机的安全问题以外，计算机网络安全技术还包括计算机安全、通信安全、访问控制安全，以及安全管理和法律制裁等诸多内容，并逐渐形成独立的学科体系。

换一个角度来讲，当今社会是一个信息化的社会，计算机通信网络在政治、军事、金融、商业、交通、电信、文教等方面的作用日益强大。社会对计算机网络的依赖也日益增强，尤其是计算机技术和通信技术相结合所形成的信息基础设施已经成为反映信息社会特征最重要的基础设施。人们建立了各种各样的信息系统，许多机密和财富已高度集中于计算机中，这些信息系统都是依靠计算机网络实现相互间的联系和对目标的管理、控制的。以网络方式获得信息和交流信息已成为现代信息社会的一个重要特征。

随着网络的开放性、共享性及互联程度的扩大，特别是 Internet 的出现，网络的重要性和对社会的影响也越来越大，网络上各种新业务如电子商务、电子现金、数字货币、网络银行的兴起，各种专用网如金融网的建设，使得网络安全问题显得越来越重要，因此，对网络安全的研究成了现在计算机和通信界的一个热点。

一、网络安全的概念

国际标准化组织（ISO）将计算机安全定义为：为数据处理系统建立和采取的技术和管理的安全保护，保护计算机硬件、软件数据不因偶然和恶意的原因而遭到破坏、更改和泄露。我国提出的定义是：计算机系统的硬件、软件、数据受到保护，不因偶然的或恶意的原因而遭到破坏、更改、泄露，系统能连续正常运行。因此，所谓网络安全就是指基于网络的互联互通和运作而涉及的物理线路和连接的安全、网络系统的安全、操作系统的安全、应用服务的安全和人员管理的安全等几个方面。但总的来说，计算机网络的安全性是由数据的安全性、通信的安全性和管理人员的安全意识三部分组成的。

网络安全是一门涉及计算机科学、网络技术、通信技术、密码技术、信息安全技术、应用数学、数论、信息论等多种学科的综合性学科。

网络安全是指网络系统硬件、软件及其系统中的数据受到保护，不受偶然的或者恶意的原因而遭到破坏、更改、泄露，确保系统能连续可靠正常地运行，网络服务不中断。网络安全从其本质来讲就是网络上的信息安全。从广义来说，凡是涉及网络信息的保密性、完整性、可用性、真实性和可控性的相关技术和理论，都是网络安全的研究领域。网络安全涉及的内容既有技术方面的问题，也有管理方面的问题，两方面相互补充，缺一不可。

技术方面主要侧重于防范外部非法用户的攻击，管理方面则侧重于内部人为因素的管理。如何更有效地保护重要的信息数据、提高计算机网络系统的安全性已经成为所有计算机网络必须考虑和必须解决的一个重要问题。网络信息的保密性、完整性、可用性、真实性和可控性等相关技术问题都成为网络安全研究的重要课题。

二、网络安全问题的主要原因

产生网络安全问题的原因有很多，从不同的角度思考会得出不同的结论，但在技术层面上来说，网络安全问题主要是由于网络技术本身设计上的缺陷和现实利益的驱动相结合产生的。众所周知，计算机网络的最大特点就是开放和共享，而从安全的角度来说，这又是它致命的弱点。计算机网络发展的初期，为了让各种不同的计算机能够互联网络，通信协议的推广采用了开放式的策略，任何人都能很容易地获得通信协议等详细的技术细节，从而对协议存在的缺陷了如指掌，为通过网络进行攻击提供了可能性。

依据网络与信息所面临的威胁可将网络及信息的不安全因素归结为自然灾害、人为灾害、系统的物理故障、网络软件的缺陷、人为的无意失误、计算机病毒、法规与管理不健全等，具体说明如下：

1. 自然灾害。水灾、火灾、地震、雷击、台风及其他自然现象造成的灾害。

2. 人为灾害。战争、纵火、盗窃设备及其他影响到网络物理设备的犯罪等。

3. 系统的物理故障，包括硬件故障、软件故障、网络故障和设备环境故障等。近年来，电子技术的发展使电子设备出故障的概率一降再降，许多设备在它们的使用期内根本不会出错。但是由于计算机和网络的电子设备往往极多，故障还是时有发生。器件老化、电源不稳、设备环境不好等很多问题使计算机或网络的部分设备暂时或者永久失效。这类故障一般都具有突发的特点。

处理电子设备故障的方法是及时更换老化的设备，不要把计算机和网络的安全与稳定维系在某一台或几台设备上。另外还可以采用较为智能的方案。例如，现在智能网络的发展，能使网络上出故障的设备及时退出网络，其他设备或备份设备能及时弥补空缺。

4. 网络软件的缺陷。软件故障一般要寻求软件供应商的帮助来解决，如更换、升级。

5. 人为的无意失误。程序设计错误、误操作、无意中损坏和无意中泄密等。如操作员安全配置不当造成的安全漏洞、用户安全意识不强、用户口令选择不慎、用户将自己的账号随意转借他人或与别人共享等都会给网络安全带来威胁。这些失误有的可以靠加强管理来解决，有的则无法预测，甚至永远无法避免。限制个人对网络和信息的权限，防止权力的滥用，采取适当的监督措施有助于解决部分人为无意失误的问题。出现失误之后及时发现、及时补救也能大大减少损失。

6. 人为的恶意攻击。人为的恶意攻击包括被动攻击、主动攻击和计算机病毒攻击，网络安全面临的最大问题就是人为的恶意攻击。

被动攻击是指攻击者不影响网络和计算机系统的正常工作，从而窃听、截获正常的网络通信和系统服务过程，并对截获的数据信息进行分析，获得有用的数据，以达到其攻击的目的。被动攻击的特点是难以发觉。一般来说，在网络和系统没有出现任何异常的情况下，没有人会关心发生过什么被动攻击。

主动攻击是指攻击者主动侵入网络和计算机系统，参与正常的网络通信和系统服务过程，并在其中发挥破坏作用，以达到其攻击目的。主动攻击的种类极多，新的主动攻击手段也在不断涌现，目前常见的主动攻击手段有：身份假冒攻击、身份窃取攻击、错误路由攻击、重放攻击。身份假冒攻击是指冒充正常用户、欺骗网络和系统服务的提供者，从而获得非法权限和敏感数据；身份窃取攻击是指取得用户的真正身份，以便为进一步攻击做准备；错误路由攻击是指攻击者修改路由器中的路由表，将数据引到错误的网络或安全性较差的机器上来；重放攻击是指在监听到正常用户的一次有效操作后，将其记录下来，之后对这次操作进行重复，以期获得与正常用户同样的对待。

计算机病毒攻击的手段出现得更早，其种类繁多，影响范围广。不过以前的病毒多是毁坏计算机内部数据，使计算机瘫痪。现在某些病毒已经与黑客程序结合起来，被黑客利用来窃取用户的敏感信息，危害更大。

计算机病毒是一段能够进行自我复制的程序。病毒运行后可能损坏文件，使系统瘫痪，造成各种难以预料的后果。在网络环境下，病毒具有不可估量的威胁和破坏力。

网络软件不可能是百分之百无缺陷和无漏洞的。然而，漏洞和缺陷恰恰是黑客进行攻击的首选目标。曾经出现过的黑客攻入网络内部的事件大部分就是因为安全措施不完善。另外，软件的"后门"都是由软件公司的设计编程人员为了自己方便而设置的，一般不为外人所知，一旦"后门"洞开，其造成的后果将不堪设想。

为了维护网络与信息系统的安全，单纯凭技术力量解决是不够的，还必须依靠政府和立法机构制定出完善的法律法规进行制约，给非法攻击者以威慑。只有全社会行动起来共同努力，才能从根本上治理高科技领域的犯罪行为，确保网络与信息的安全应用和发展。

在网络安全系统的法规和管理方面，我国起步较晚，目前还有很多不完善、不周全的地方，这给了某些不法分子可乘之机。但是政府和立法机构已经注意到了这个问题，立法工作正在进行，而且打击力度是相当大的。各企业、各部门的管理者也逐步关注这个问题。随着安全意识的进一步提高，由法规和管理不健全导致的安全威胁将逐渐减少。

三、我国面临的网络安全问题

目前，我国网络安全问题日益突出的主要标志为如下几种。

（一）系统遭受病毒感染和破坏的情况相当严重

腾讯发布的《2016 年度互联网安全报告》中显示，腾讯电脑管家 2016 年全年共发现 8.2 亿次机器中病毒或木马，其中，中毒电脑用户的年龄主要为 11~30 岁的青少年群体。一方面，青少年使用电脑的频率更高；另一方面，他们可能会更频繁地在网站下载资源，接触邮件、网吧等渠道，而木马病毒多是通过这些媒介来传播的。

（二）电脑黑客活动已形成重大威胁

网络信息系统具有致命的脆弱性、易受攻击性和开放性。从国内情况来看，目前我国 95% 与互联网相连的网络管理中心都遭受过境内外黑客的攻击或侵入，其中银行、金融和证券机构是黑客攻击的重点。

（三）信息基础设施面临网络安全的挑战

面对信息安全的严峻形势，我国的网络安全系统在预测、反应、防范和恢复能力方面存在许多薄弱环节。据英国《简氏战略报告》和其他网络组织对各国信息防护能力的评估，我国被列入防护能力最低的国家之一，不仅大大低于美国、俄罗斯和以色列等信息安全强国，而且排在印度、韩国之后。近年来，国内与网络有关的各类违法行为以每年 30% 的速度递增。

当前，制约我国提高网络安全防御能力的主要因素有以下几方面。

1. 缺乏自主的计算机网络和软件核心技术。

我国信息化建设过程中缺乏自主技术支撑。计算机安全存在三大黑洞：CPU 芯片、操作系统和数据库、网关软件大多依赖进口。信息安全专家、中国科学院高能物理研究所研究员许榕生曾一针见血地点出我国信息系统的要害："我们的网络发展很快，但安全状况如何？现在有很多人投很多钱去建网络，实际上并不清楚它只有一半根基，建的是没有防范的网。有的网络顾问公司建了很多网，市场布好，但建的是裸网，没有保护，就像房产公司盖了很多楼，门窗都不加锁就交付给业主去住。"我国计算机网络所使用的网管设备和软件基本上是舶来品，这些因素使我国计算机网络的安全性能大大降低，被认为是易窥视和易打击的"玻璃网"。由于缺乏自主技术，我国的网络处于被窃听、干扰、监视和欺诈等多种信息安全威胁中，网络安全处于极其脆弱的状态。

2. 安全意识淡薄是网络安全的"瓶颈"。

目前，在网络安全问题上还存在不少认知盲区和制约因素。网络是新生事物，许多人利用网络学习、工作和娱乐等，对网络信息的安全性无暇顾及，安全意识相当淡薄，对网络信息不安全的事实认识不足。与此同时，网络经营者和机构用户注重的是网络效应，对安全领域的投入和管理远远不能满足安全防范的要求。总体上看，网络信息安全处于被动的封堵漏洞状态，从上到下普遍存在侥幸心理，没有形成主动防范、积极应对的全民意识，更无法从根本上提高网络监测、防护、响应、恢复和抗击能力。近年来，国家和各级职能部门在信息安全方面已做了大量努力，但就范围、影响和效果来讲，迄今所采取的信息安全保护措施和有关计划还不能从根本上解决目前的被动局面，整个信息安全系统在迅速反应、快速行动和预警防范等主要方面缺少方向感、敏感度和应对能力。

3.运行管理机制的缺陷和不足制约了安全防范的力度。

运行管理是过程管理，是实现全网安全和动态安全的关键。有关信息安全的政策、计划和管理手段等最终都会在运行管现机制上体现出来。就目前的运行管理机制来看，主要有以下几个方面的缺陷和不足。

（1）网络安全管理方面人才匮乏。由于互联网通信成本极低，分布式客户服务器和不同种类配置不断更新。由于技术应用的扩展，技术的管理应同步扩展，但从事系统管理的人员却往往并不具备安全管理所需的技能、资源和利益导向。信息安全技术管理方面的人才无论是数量还是水平，都无法适应信息安全形势的需要。

（2）安全措施不到位。互联网越来越具有综合性和动态性特点，这也是互联网不安全因素的原因所在。然而，网络用户对此缺乏认识，未进入安全就绪状态就急于操作，结果导致敏感数据暴露，使系统遭受风险。配置不当或过时的操作系统、邮件程序和内部网络都存在容易被侵入的缺陷，如果缺乏周密有效的安全措施，就无法及时发现并查堵安全漏洞。当厂商发布补丁或升级软件来解决安全问题时，许多用户的系统不进行同步升级，原因是用户未充分意识到网络不安全的风险存在，未引起足够的重视。

（3）缺乏综合性的解决方案。面对复杂的不断变化的互联网世界，大多数用户缺乏综合性的安全管理解决方案，稍有安全意识的用户越来越依赖"银弹"方案（如防火墙和加密技术），但这些用户也就此产生了虚假的安全感，渐渐丧失警惕。实际上，一次性使用一种方案并不能保证系统一劳永逸和高枕无忧，网络安全问题远远不是防毒软件和防火墙能够解决的，也不是大量标准安全产品简单堆砌就能解决的。近年来，国外的一些互联网安全产品厂商及时应变，由防病毒软件供应商转变为企业网络安全问题解决方案的提供者，可提供多种全面的企业安全解决方案，包括风险评估和漏洞检测、入侵检测、防火墙和虚拟专用网、防病毒和内容过滤解决方案，以及企业管理解决方案等一整套综合性安全管理解决方案。

（4）缺乏制度化的防范机制。不少单位没有从管理制度上建立相应的安全防范机制，在整个运行过程中，缺乏行之有效的安全检查和应对保护制度。不完善的制度滋长了网络管理者和内部人员自身的违法行为。许多网络犯罪行为都是因为内部联网电脑和系统管理制度疏于管理而得逞的。同时，政策法规难以适应网络发展的需要，信息立法还存在相当多的空白。个人隐私保护法、数据库保护法、数字媒体法、数字签名认证法、计算机犯罪法，以及计算机安全监管法等信息空间正常运作所需的配套法规尚不健全。网络作案手段新、时间短、不留痕迹等特点，给侦破和审理网上犯罪案件带来了极大困难。

第五节　网络安全技术

网络系统的安全涉及平台的各个方面。按照网络 OSI 的七层模型，网络安全贯穿于网络的各个层次，在不同的网络层次可以采用不同的技术手段来实现和防范某些网络威胁。在 OSI 七个层次的基础上，将安全体系划分为四个级别：网络级安全、系统级安全、应用级安全及企业级的安全管理，而安全服务渗透到每个层次，从尽量多的方面考虑问题，有利于减少安全漏洞和缺陷。

针对网络系统受到的威胁，OSI 安全体系结构提出了以下几类安全服务。

（一）身份认证

这种服务是在两个开放系统同等层中的实体建立连接和数据传送期间，为提供连接实体身份的鉴别而规定的一种服务。这种鉴别服务可以防止冒充或重传以前的连接，也防止伪造连接初始化这种类型的攻击。这种鉴别服务可以是单向的也可以是双向的。

（二）访问控制

访问控制服务可以防止未经授权的用户非法使用系统资源。这种服务不仅可以提供给单个用户，也可以提供给封闭的用户组中的所有用户。

（三）数据保密

数据保密服务的目的是保护网络中各系统之间交换的数据，防止因数据被截获而造成的泄密。

（四）数据完整性

这种服务用来防止非法实体对用户的主动攻击（对正在交换的数据进行修改、插入，使数据延时以及丢失等），以保证数据接收方收到的信息与发送方发送的信息完全一致。

（五）不可否认性

这种服务有两种形式：第一种形式是源发证明，即某一层向上一层提供的服务，它用来确保数据是由合法实体发出的，它为上一层提供对数据源的对等实体进行鉴别，以防假冒；第二种形式是交付证明，用来防止发送方发送数据后否认自己发送过数据，或接收方接收数据后否认自己收到过数据。

（六）审计管理

对用户和程序使用资源的情况进行记录和审查，可以及早发现入侵活动，以保证系统安全，并帮助查清事故原因。

（七）可用性

可用性是保证信息使用者都可得到相应授权的全部服务。

目前，网络技术研究与发展的方向主要有：密码技术、访问控制技术、入侵检测与审计技术、防火墙技术、灾难恢复技术等。

第六章　网络身份认证

网络身份认证指的是在计算机网络中指定用户系统出示自己身份的证明过程，通常是获得系统服务所必需的第一道关卡。在计算机网络这样一个开放的环境中，各种信息系统遭受的攻击，例如消息窃听、身份伪装、消息伪造与篡改、消息重放等，很多是建立在入侵者获得已经存在的通信通道或伪装身份与用户建立通信通道的基础上实施的。为了实施对系统的攻击，攻击者必须首先通过各种身份欺诈行为，伪装成合法用户进入系统中。因此，身份认证技术对于计算机网络中各种信息系统的安全性尤为重要，是最直接也是最前沿的一道防线。

第一节　网络身份认证基础

一、身份认证系统概述

在计算机网络中，用户在登录安全系统前，必须首先向身份认证系统表明自己的身份。身份认证系统首先验证用户的真实性，然后根据授权数据库中用户的权限设置确定其是否有权访问所申请的资源。身份认证系统在整个安全系统中的地位极其重要，是最基本的安全服务，访问控制和审计系统等其他安全服务都要依赖于身份认证系统提供的信息——用户的身份。可见身份认证系统是整个安全系统中的基础设施，是最基本的安全服务。一旦身份认证系统被攻破，那么系统的所有安全措施将形同虚设。

一个身份认证系统一般由三方组成：第一方是出示证件的人，称作示证者（Prover），又称作申请者（Claimant），提出某种要求；第二方为验证者（Verifier），检验示证者提出的证件的正确性和合法性，决定是否满足其要求；第三方是攻击者，可以窃听和伪装示证者以骗取验证者的信任。认证系统在必要时也会有第四方——可信赖者参与调解纠纷。此类技术称为身份认证技术，又称作识别（Identification）、实体认证（Entity Authentication）、身份证实（Identity Verification）等。

一般来说，对身份认证系统有如下要求：

1. 验证者正确识别合法示证者的概率极大化；

2. 不具有可传递性（Transferability），验证者 A 不可能重用示证者 B 提供给他的信息来伪装示证者 A，而成功地骗取其他人的验证，从而得到信任；

3. 攻击者伪装示证者欺骗验证者成功的概率要小到可以忽略的程度，特别是要能抵抗已知密文攻击，即能抵抗攻击者在截获示证者多次通信下伪装示证者欺骗的验证者；

4. 计算有效性，为实现身份认证所需的计算量要小；

5. 通信有效性，为实现身份认证所需通信次数和数据量要小；

6. 秘密参数能安全存储；

7. 交互识别，有些应用中要求双方能互相进行身份认证；

8. 第三方的实时参与，如在线公钥检索服务；

9. 第三方的可信赖性；

10. 可证明安全性。

注：7~10 是有些身份认证系统提出的要求。

二、实现身份认证的基本途径

在实际运用中，对用户的身份认证基本方法可以分为以下三种：

1. 根据你所知道的信息来证明你的身份（what do you know，你知道什么），假设某些信息只有某个人知道，比如暗号等，通过询问这个信息就可以确认这个人的身份；

2. 根据你所拥有的东西来证明你的身份（what do you have，你有什么），假设某一个东西只有某个人拥有，比如印章等，通过出示这个东西也可以确认个人的身份；

3. 直接根据独一无二的生物特征来证明你的身份（who are you，你是谁），比如指纹、面貌等。

在网络环境下，根据被认证方赖以证明身份的秘密不同，身份认证可以基于如下一个或几个因子实现：

1. 所知（Knowledge）。双方共享的数据，如密码、口令等，它利用的是 what do you know 的方法。

2. 所有（Possesses）。被认证方拥有的外部物理实体，如智能安全存储介质，它利用的是 what you have 的方法。

3. 个人特征（Characterislics）。被认证方所持有的生物特征，如指纹、声纹、虹膜、脸型等，它利用的是 who are you 的方法。

在实际使用中，根据安全水平、系统通过率、用户可接受性、成本等因素，可以结合使用两种或三种身份认证因子来设计实现一个自动化的身份认证系统。

身份认证系统的质量指标包括合法用户遭拒绝的概率，即错误拒绝率（False Rejection Rate，FRR）或续保率（Ⅰ型错误率）；非法用户伪造身份成功的概率，即漏报率（False Acceptance Rate，FAR）（Ⅱ型错误率）。为了保证系统有良好的服务质量，要求其Ⅰ型错误率要足够小；为了保证系统的安全性，要求其Ⅱ型错误率要足够小。这两个指标常常是相悖的，要根据目标信息系统不同的用途、安全性需求、经济型、用户的方便性等进行适当的折中选择。

可以按照以下方式对身份认证系统进行分类：

1. 按身份认证系统采用的认证技术分类。

目前，实现身份认证的技术主要包括口令（通行字）认证、密码学认证和生物特征识别三类。口令认证是指认证系统通过比较用户输入的口令与系统内部存储的口令是否一致来判断用户的身份，它的实现简单灵活，是最常见的一种认证方式，但存在口令容易泄露、以明文形式传输、存储在认证系统中等问题；密码学认证是在密码学技术的基础上，设计一种身份认证协议，规定通信双方为了进行身份认证甚至建立会话密钥所需要进行交换的消息格式和次序，从而可有效抵抗口令猜测、地址假冒、中间人攻击、重放攻击等常见的网络攻击手段；生物特征识别利用个人的生理特征来实现，其不可复制性非常适用于面对面的身份验证，但因为计算机网络中一切信息都是由一组特定的数码来表示，计算机只能识别用户的数字身份，所以生物特征识别的不可复制性失去意义，网上传递可能存在重放攻击。

2. 按身份认证系统的认证目标分类。

按身份认证系统的认证目标，可将当前的身份系统分为两类：第一类是以身份验证（Identity Verification）为目标的身份认证，即回答"你是否是你所声称的你？"只对个人身份进行肯定或否定。一般方法是输入个人信息，经公式和算法运算所得的结果，与从卡上或库中保存的信息经公式和算法运算所得的结果进行比较，得出身份认证结论。第二类是以身份识别（Identity Recognilion）为目标的身份认证，即回答"我是否知道你是谁"。一般方法是输入个人信息，经处理提取成模板信息，试着在存储数据库中搜索找出一个与之匹配的模板，然后得出身份认证结论，例如，确定一个人是否有前科的指纹验证系统。显然，身份识别要比身份验证在技术实现上有更大的难度。

3. 按身份认证系统是否具备仲裁人分类。

根据系统是否具备仲裁人，可将认证系统分为有仲裁人认证系统和无仲裁人认证系统。传统的认证系统只考虑了通信双方互相信任，共同抵御敌方的主动攻击的情形，此时系统中只有参与通信的发送方和接收方以及发起攻击的敌方，而不需要裁决方。

因此，称之为无仲裁人的身份认证系统。但在现实生活中，常常遇到的情形是通信双方并不互相信任，比如，发送方发送了一个消息后，否认曾发送过该消息；或者接收方接收到发送方发送的消息后，否认曾接收到发送方发送的信息，或宣称接收到了伪造的不同于接收到的信息的另一个消息。一旦这种情况发生，就需要一个仲裁方来解决争端。这就是有仲裁人的身份认证系统的意义。有仲裁人的认证系统又可分为单个仲裁人认证系统和多个仲裁人认证系统。

此外，还可以根据系统是否具备数据加密传输功能，分为有保密功能的认证系统和无保密功能的认证系统，在此不详细叙述。

第二节　网络身份认证技术方法

一、基于口令的身份认证

（一）口令认证

基于口令的身份认证方法是最简单，也是被广泛使用的一种身份认证方法。用户的口令可由用户在注册阶段自己设定，也可由系统通过某种安全的渠道提供给用户（邮寄、电子邮件等），系统在其数据库中保存用户的信息列表（用户名 ID+ 口令 Password）。当用户登录认证时，将自己的用户名和口令上传给服务器，服务器通过查询用户信息数据库来验证用户上传的认证信息是否和数据库中保存的用户列表信息相匹配。如果匹配则认为用户是合法用户，否则拒绝服务，并将认证结果回传给客户端。

对于基于口令的身份认证系统，最大的威胁就是口令泄露。通常来说，导致口令泄露的途径有以下几种：

1. 用户口令保存不当。用户为了防止忘记口令，常常会将口令记录在笔记本或者便条上，这就存在许多安全隐患，极易造成口令泄露。

2. 口令在用户端被窃取。用户在登录系统时，以明文方式输入口令，攻击者通过植入木马等恶意软件等手段，窃取用户的口令。

3. 在传输过程中被截获。大量的通信协议如 Telnet、FTP、HTTP 等都使用明文传输，这意味着网络中的窃听者只需使用协议分析器就能查看到认证信息，从而分析出用户的口令。即使用户在传输认证信息时先进行了加密处理，虽然能防止攻击者直接获得用户的认证信息，但是攻击者还是可以通过重放攻击，在新的登录请求中将截获的信息提交给服务器，也可以冒充该用户登录。

4. 口令在系统端被窃取。系统中所有用户的口令以文件形式存储在认证方，攻击者可以利用系统中存在的漏洞窃取系统的口令文件。

5. 字典或穷举攻击。许多用户为了防止口令遗忘，经常会采用生日、电话号码、人名等容易被他人猜到的有意义的字符串作为口令，这样很容易通过字典攻击来猜测到用户的口令。此外，如果用户口令较短，攻击者就会使用字符串的全集作为字典，来对用户口令进行穷举攻击，它是字典攻击的一种特殊形式。

6. 仿造服务器攻击。由于很多系统只能进行单向认证，即系统可以认证用户，而用户无法对系统进行认证，这样攻击者就可以通过伪造服务器来骗取用户的认证信息，然后冒充用户进行正常登录，也被称为网络钓鱼。

7. 不同级别口令重复。用户在访问多个不同安全级别的系统时，都要求用户提供口令，用户为了记忆的方便，往往采用相同的口令。而低安全级别系统的口令更容易被攻击者获得，从而用来对高安全级别系统进行攻击。

8. 系统内部人员泄露。系统内部工作人员可通过合法授权取得用户口令并非法使用。

显然，基于口令的身份认证技术存在非常多的安全隐患，需要对其加以改进。为此，人们提出了挑战 / 响应认证、一次性口令认证、动态口令认证等很多增强安全性的口令认证技术。

（二）挑战握手认证

基于口令的身份认证方式，也称为 PAP（Password Authentication Protocol）认证。PAP 不是强身份认证协议，口令随用户的 ID 一起被发送至服务器端，对于窃听、重放或重复尝试和错误攻击没有任何保护，仅适用于对网络安全要求相对较低的环境。对 PAP 的改进产生了挑战握手认证协议（Challenge Handshake Authentication Protocol，CHAP），它采用"挑战 / 响应"（Challenge-Response）的方式，通过三次握手对被认证对象的身份进行周期性的认证。CHAP 的认证过程为：

1. 当用户需要访问系统时，先向系统发起连接请求，系统要求对用户进行 CHAP 认证，如果用户同意认证，并不是像 PAP 验证方式那样直接由用户输入密码，而是首先由系统向用户发送一个作为身份认证请求的随机数，并同时附带用户 ID，作为挑战信息（Challenge）发送给用户。

2. 用户得到系统的挑战信息后，便根据此报文用户 ID 和自己的用户表查找对应用户 ID 口令，如找到用户表中与验证方提供的相同用户 ID，便利用接收到的随机数和该用户的口令，通过 Hash 算法生成响应信息（Response），随后将响应信息和自己的用户 ID 发送给验证方。

3.验证方接到此响应信息后，利用对方的用户 ID 在自己的用户表中查找自己系统中保留的口令，找到后再用自己的口令和随机数，通过 Hash 算法生成结果，与被验证方进行应答比较。验证成功后验证服务器会发送一条 ACK 报文（Success），身份认证得到承认，否则会发送一条 NAK 报文（Failure），并切断服务连接。

4.经过一定的随机间隔，系统将发送一个新的挑战信息给用户。

使用 CHAP 认证的安全性除了本地口令存储的安全性外，网络上的安全性则在于挑战信息的长度、随机数的随机性和单向 Hash 算法的可靠性。

CHAP 身份认证的优点是：只在网络上传输用户名，而不直接传输用户口令，Hash 算法不可逆，响应信息即使被捕获到也无法破解，因此它的安全性要比 PAP 高；CHAP 认证方式使用不同的挑战信息，每个信息都是不可能预测的唯一值，这样就可以防范重放攻击。不断重复挑战限制单个攻击的暴露时间和认证者可控制挑战的频度；虽然该认证是单向的，但是在两个方向都进行 CHAP 协商，同一密钥可以很容易实现交互认证。

CHAP 身份认证的缺点是：口令必须是以明文信息进行保存，而且不能防止中间人攻击；在大型系统中不适用，因为每个可能的密钥由链路的两端共同维护；过程烦琐，耗费带宽。

（三）动态口令认证

动态口令（Dynamic Password）认证也被称为一次性口令（One-Time Password，OTP）认证，是一种强认证技术，是增强目前静态口令认证的一种非常方便的技术手段。

通过监听 TCP/IP 网络中的信息，攻击者可以获得用户登录用的 ID 和口令，这些信息不管是否加密，都有助于攻击者发动对系统的攻击。而使用动态口令认证，网络中传送的用户口令只使用一次后就会被销毁，且用户使用的源口令永远不会在网络上传输，这样就可以保护用户口令不会因此而被攻击者窃取，提高系统的安全性。因此，动态口令认证技术被认为是目前能够最有效解决用户身份认证的方式之一，可以有效防范黑客木马盗窃用户账户口令、假网站等多种网络问题，避免用户的财产或者资料受到损失。

根据所采用的原理不同，动态口令认证技术可以分为同步口令认证技术和异步口令认证技术两种，其中同步口令认证又可分为时间同步和事件同步。

基于时间同步的动态口令认证是把时间作为变动因子，一般以60秒作为变化单位。所谓"同步"是指用户动态口令生成器所产生的口令在时间上必须和认证服务器同步，不然产生的动态口令便无法令用户完成身份认证。因此，要求认证服务器能够十分精准地保持正确的时钟，同时对其口令生成器的晶振频率有严格的要求。在实际使用中，保持口令生成器和认证服务器的时间完全相同有一定的困难，所以通常允许存在一定的时间差，比如 5 分钟。

基于事件同步的动态口令认证是把已经生成动态口令次数（事件序列）作为动态口令生成器和认证服务器计算动态口令的一个运算因子，与动态口令生成器和认证服务器上的共同密钥产生动态口令。其运算机理决定了其整个工作流程同时钟无关，不受时钟的影响。由于算法的一致性，其口令是预先可知的，通过口令生成器，认证双方都可以预先知道今后的多个口令，存在口令泄露的风险，且用户多次无目的地生产动态口令后，会导致口令生成器和服务器之间失去同步状态。

异步口令认证技术又被称为挑战 / 响应方式的认证技术，在进行身份认证时，系统产生一个挑战码（随机数）发送给用户，客户端通过单向 Hash 算法将用户的口令和挑战码进行运算，并把结果发送给认证系统，系统将用同样的方法对结果进行验证。因为每个用户的口令不同，不同的用户对同样的挑战值计算出的结果也不同，而且这个结果只能使用一次，所以能保证很高的安全性。目前在实际应用中，最典型也是最广泛使用的异步口令认证技术是 S/Key 认证，下面对 S/Key 认证做一个详细的介绍。

S/Key 认证系统的组成一般包括两部分，即客户端和 S/Key 服务器。客户端用于为用户提供登录进程，并在得到服务器的挑战信息（Challenge）时，获取用户口令，并调用口令模块形成本次认证的响应信息（Response），然后发送给 S/Kcy 服务器，S/Key 服务器则用于产生挑战信息，随后检验客户端的一次性口令响应。

除了动态口令技术外，目前使用比较多的动态口令技术还有手机令牌技术、短信密码技术和矩阵卡技术。手机令牌技术是由运行在智能手机上的程序通过 SIM 卡（可能还有软证书等方式）产生动态口令；短信密码技术则是系统通过发送一串随机数字的短信给用户，用户在某一时限范围内，发送该串随机数字给认证系统实现身份认证；矩阵卡技术则是在一张卡片上预先印刷好一些随机的数字，用户在每次登录时，系统会要求用户按某一规则输入卡片上的部分数字，就能达到用户这次和下次登录输入的密码内容不一样的效果。

（四）图形密码认证

传统的基于口令的身份认证技术是依据用户提交的用户 ID 和相应的文本口令，这种字符式口令存在诸多缺点，这些缺点极易演变为安全问题。图形密码是利用人们对图形记忆要优于对文本记忆特点设计的一种新型密码。用户不用记忆冗长的字符串，而是通过识别或记住图形来进行身份验证。并且，如果可能的图形数量足够多，图形密码的密钥空间便可以远远超过文本密码，因此，图形密码能够提供比文本密码更强的安全性。

根据图形密码身份认证方案实现的方式不同，图形密码可以分为两类：基于识别型和基于回忆型的图形密码。

基于识别型的图形密码身份认证要求用户记忆预先选定一些特定图片，在认证阶段系统从图案库中随机产生一组图片，让用户从中间选择预先设定的图片，从而实现身份验证的过程。实验结果显示 90% 的参与者成功地完成了验证。而相比之下，只有 70% 的参与者完成了使用文本口令和 Pins 口令的验证，这是由于记忆误差造成的。这表明图片是非常有效的记忆方法。

基于回忆型的图形密码身份验证则是要求用户重复以前设定的一个过程。例如，在一种基于回忆型的图形密码身份认证方法中，设定密码的时候系统要求用户在 2d 栅格上画出口令。在验证阶段，系统显示同样的栅格要求用户重复原来的设定过程，如果用户画出的图形按照以前设定的顺序经过相同的方格则通过验证。另一种身份认证方法要求用户在一个图形上预先按顺序点击一些位置，在身份验证阶段重复此过程。

从一则新闻中也可以看出图形密码具备一定的安全性：FBI 在 2012 年的一份联邦法院文件中证实，为了调查一个圣地亚哥的嫌犯，调查局申请了法院调查令，并获准破解他的手机，以获取一些信息，但 FBI 的专家对这位嫌犯的智能手机进行了"大量的破解尝试"，却最终没能过得了屏幕图形密码锁这一关。这是因为图形密码与传统文本密码相比较，可以通过增大图案库的容量来扩大口令空间，提高系统的安全性，而传统的字符只有 94 个（包括空格），其口令空间受到限制。从攻击者的角度看，攻击者必须了解并精确复制系统图库，难度加大。图形密码采用鼠标输入，比传统密码的键盘输入更加难以猜测。攻击者使用间谍软件来跟踪键盘输入容易，但是跟踪鼠标输入困难，并由于用户输入图形操作和用户当前所使用的图形窗口位置、大小以及时间信息都有关，盗取密码更加困难。从保管口令的角度看，图形更不容易泄露给其他人。

二、基于加密体制的身份认证

（一）基于对称密码的身份认证

对称密码指的是密钥采用单钥体制，即加、解密都是用同一组密钥进行运算，对称密码体制下的挑战／响应机制要求示证者和验证者共享对称密钥。根据是否存在可信的第三方参与到身份认证过程中，对称密码身份认证可以分为无可信第三方认证和有可信第三方认证两种。通常无可信第三方的对称密码认证用于只有少量用户的封闭系统，而有可信第三方的对称密码认证则可用在规模较大的系统中。

1. 无可信第三方的对称密码认证。

无可信第三方的对称密码认证的基本思想是验证者通过生成一个随机数作为挑战信息发送给示证者，示证者利用二者共享的密钥对该挑战信息进行加密，并传回给验证者，验证者通过解密密文来验证示证者的身份是否合法。

2. 有可信第三方的对称密码认证。

与无可信第三方的对称密码认证技术相比，有可信第三方的对称密码认证技术的认证双方并不使用共享的密钥，而是各自与可信的第三方之间共享的一个密钥。

（二）基于公钥密码体制的身份认证

基于公钥密码体制的身份认证一般有两种思路来实现。一种是验证方 A 发出一个明文挑战信息（一般为随机数）给被验证方 B；B 在收到挑战信息后，用自己的私钥对明文信息进行加密并发送给 A；A 收到加密的信息后，利用 B 的公钥对加密信息进行解密，如果解密得到的挑战信息与之前发送给 B 的挑战信息相同，则可以确定 B 身份的合法性。另一种是 在认证开始时，A 将挑战信息利用 B 的公钥加密并发送给 B；B 再利用自己的私钥进行解密，获得挑战信息的内容，并将其返回给 A；A 可以根据收到的挑战信息的正确性来确定 B 身份的合法性。

三、基于个人特征的身份认证

基于个人特征的身份认证是指通过自动化技术利用人体的生理特征和（或）行为特征进行身份鉴定。生理特征的特点是与生俱来、独一无二、随身携带的，如指纹、虹膜、视网膜、DNA 等。行为特征是指人类后天养成的习惯性行为特点，如笔迹、声纹、步态等。

个人特征认证的核心在于如何获取这些生物特征，并将之转换为数字信息存储到计算机中，利用可靠的匹配算法来完成验证与识别个人身份的过程。所有的生物识别系统都包括如下几个处理过程：采集、解码、比对和匹配。理论上，只要满足以下条件的人体物理或行为特征才可以用来作为识别个人身份的依据：

1. 普遍性：每个人都应该具有这一特征；

2. 唯一性：每个人在这一特征上有不同的表现；

3. 稳定性：这一特征不会随着年龄的增长、时间的改变而改变；

4. 易采集性：这一特征应该是容易测量的；

5. 可接受性：人们是否接受这种生物识别方式。

下面，简要介绍一下几种常见的基于个人特征的身份认证方法：

1. 指纹识别。生理学研究已经证明，人类都拥有自己独特的、持久不变的指纹。

指纹识别技术是最早通过计算机实现的身份认证手段，也是应用最为广泛的个人特征识别技术之一。指纹识别处理包括对指纹图像采集、指纹图像处理特征提取、特征值的比对与匹配等过程。许多研究表明指纹识别在所有生物识别技术中是对人体最不构成侵犯的一种技术手段。目前，在全球范围内都建立了指纹鉴定机构以及罪犯指纹数据库，指纹鉴定已经被官方接受，成为司法部门有效的身份鉴定手段。

指纹识别的优点：没有两个人（包括双胞胎）的皮肤纹路图样是完全相同的，相同的可能性不到 10^{-10}，因此指纹具有高度的独特性；指纹纹脊的样式终生不变，指纹不会随着人年龄的增长或身体健康程度的变化而变化，因此指纹识别具有很强的稳定性。目前已有标准的指纹样本库，可以极大地方便指纹识别系统的软件开发，并且识别系统中完成指纹采样功能的硬件部分（指纹采集仪）也较易实现。

指纹识别的不足之处有：由于每个指纹都存在几个独一无二的可测量的特征点，每个特征点约有 7 个特征，10 个手指至少有近 5000 个特征，因此存储指纹数据库的容量要求足够大；同时，指纹的获取大多采用指纹触摸传感器，如果手指皮肤上有伤疤、过于干燥或潮湿，都会影响指纹获取的质量，最终影响指纹识别的效果。

2. 声纹识别。所谓声纹（VoicePrint）是用电声学仪器显示的携带言语信息的声波频谱。每个人说话声音各有其特点，任何两个人的声纹图谱都不可能完全一致，所以可以用声纹来实现身份认证。虽然每个人的声音都有相对的稳定性，但也可能由于生理、病理、心理、模拟、伪装或者环境的干扰，每个人的声音也存在变异性。尽管如此，在一般情况下，声纹的鉴定仍能区别不同的人或法定是同一人的声音，从而可以进行身份认证。

3. 视网膜识别。人眼球视网膜的中央动脉，在眼底至视神经乳头处分为上下两支，在视网膜颞侧上下及鼻侧上下再分为 4 支小动脉，各支小动脉再逐级分得更细、更小，以至在视网膜上形成四通八达的毛细血管网，此即临床医生观察眼底诊病的眼底血管图。在 20 世纪 30 年代，通过研究得出了人类眼球后部血管分布唯一性的理论，除了患有眼疾或者严重的脑外伤外，视网膜的结构形式在人的一生当中都相当稳定。实际应用表明，视网膜识别的效果非常理想，如果注册人数小于 200 万时，其Ⅰ型和Ⅱ型错误率都为零，所需时间为秒级，在要求可靠性高的场合可以发挥作用。

4. 虹膜识别。人眼虹膜位于眼角膜之后、水晶体之前，其颜色因含色素的多少与分布不同而异。我国除个别少数民族外，多呈棕色。透过角膜可见虹膜呈圆盘状，中央有一小孔称为瞳孔，瞳孔依环境的明暗，可自动缩小或扩大。网盘状的虹膜以中央的瞳孔为中心，向周围有辐射状的纹理和小凹。虹膜辨识系统使用一台摄像机来捕捉样本，并由软件对所得数据与储存的模板进行比较。到目前为止，虹膜识别的错误率是各种生物特征识别中最低的。人们的虹膜结构各不相同，并且这种独特的虹膜结构在人的一生几乎不发生变化。

5. 脸型识别。脸型识别系统根据人脸各部分，如眼睛、鼻子、唇部、下颚等器官的相互位置，以及它们的形状和尺寸来区分人脸。与基于指纹的人体生物识别技术相比，脸型识别是一种更直接、更方便、更友好、更容易被人们接受的识别方法。脸型识别的缺点是不可靠，脸型会随年龄增长发生变化，而且容易被伪装。

除上述方法外，基于个人特征的身份认证方法还有手写签名识别、耳廓识别、红外温谱图识别、步态识别、DNA 识别等，这些识别技术均有其优劣之处，人们往往需要融合多种生物特征来实现高精度的识别系统。

四、基于零知识证明的身份认证

基于零知识证明的身份认证技术的出现是因为前述的各种认证技术均要泄露一定的信息。如果示证者出示或说出秘密，可以使别人相信，但同时使别人知道或掌握这一秘密，这是最大的泄露证明。另一方式是以一种有效的数学方法，使验证者可以检验示证的每一步都成立，最终确信示证者知道其秘密，而又能保证不泄露示证者所知道的信息，这就是零知识证明。零知识证明技术可使信息的拥有者无须泄露任何信息就能够向验证者或者任何第三方证明它拥有该信息，以证明自己的身份。

第三节　公钥基础设施

随着 Internet 的发展，虚拟社区中的通信实体很难确认对方的真实身份。早期建设密钥管理中心时，通过密钥管理中心作为中介，共同管理各实体的对称密钥。在这种模式下的密钥分发要基于秘密信道，随着用户的增多，密钥对呈指数增加，密钥分发存在很大问题。

1976 年 Diffie 和 Hellman 在《密码学的新方向》中提出了著名的 DH 密钥交换协议，标志着公钥密码体制的出现。Diffie 和 Hellman 第一次提出了不用基于秘密信道的密钥分发，这就是 DH 协议的重大意义所在。

公钥基础设施 PKI（Public Key Infrastructure）是一个用公钥概念与技术来实施和提供安全服务的具有普适性的安全基础设施。公钥基础设施 PKI 希望从技术上解决网上身份认证、电子信息的完整性和不可否认性等安全问题，为网络应用（如浏览器、电子邮件、电子商务等）提供了可靠的安全服务。

PKI 在 20 世纪 80 年代由美国学者提出。实际上，授权管理基础设施、安全时间戳服务系统、安全保密管理系统、统一的安全电子政务平台等的构筑都离不开 PKI 的支持。数字证书认证中心 CA（Certificate Authority）、审核注册中心 RA（Registration Aulhority）都是组成 PKI 的关键组件。作为提供信息安全服务的公共基础设施，PKI 是目前公认的保障网络社会安全的最佳体系。

从根本上讲，PKI 是表示和管理信任关系的工具；在数字化社会中，实体间建立信任关系的关键是能彼此确定对方的身份；PKI 通过证书（Certificate）把公钥和身份关联起来，以提供可认证性、信息的秘密性、信息完整性、不可否认性等服务。

一、PKI 提供的服务

（一）基本服务

PKI 安全平台能够提供智能化的信任与有效授权服务。其中，信任服务主要是解决在茫茫网海中如何确认"你是你、我是我、他是他"的问题。授权服务主要是解决在网络中"每个实体能干什么"的问题。授权管理基础设施 PMI 是在网络上建立有效授权的选择。

根据美国国家标准技术局的描述，在网络通信和网络交易中，特别是在电子政务和电子商务业务中，最需要的安全保证包括四个方面：身份标识和认证、保密或隐私、数据完整性和不可否认性。PKI 提供的服务主要包括以下三个方面。

1. 认证

认证就是确认一个实体确实是他自己申明的实体。在应用程序中通常有两种情形：

（1）实体鉴别：服务器只是简单地认证实体本身的身份，并不把实体将要进行的操作关联起来。往往实体鉴别是访问控制的基础。

（2）数据来源鉴别：确认某一指定电子数据是否源于某个特定的实体。数据来源鉴别的目的是确定被鉴别的实体与这些指定数据有不可分割的静态联系，这一过程用来支持不可否认服务。

身份认证的方式很多，但可划分为四类：

（1）你拥有什么（如智能卡、令牌等）；

（2）你知道什么（如口令、PIN 等）；

（3）你身体的一些特征（指纹、视网膜等）；

（4）你做的事情（如手写签名等）。

根据在一次身份认证过程中使用的认证方式数量，分为单因素身份认证和多因素身份认证（以双因素身份认证和三因素身份认证较为常见）。单因素身份认证指完成一次身份认证过程只需要采用上述四类身份认证方式中的一种，如只要输入口令，或只要划卡，只需要指纹等。双因素身份认证方案要求同时采用两类认证方法，如在银行的自动柜员机上取款的情形，需要用户插上银行卡，并且输入正确的口令。在安全性需求很高的环境中，把生物特征认证系统和令牌结合起来，采用"三因素"方案（如口令、智能卡、指纹相结合等）。

PKI 认证服务使用数字签名来确认身份。在大多数 PKI 认证服务中，基本过程是向待认证实体出示一项随机质询数据。实体必须用自己的私钥对质询数据签名或者加密，这依赖于他们的密钥使用类型。如果质询者能用实体证书中的公钥验证签名或者解密数据，那么实体就被认证通过。值得一提的是，质询者还应该验证实体证书链，检查每个证书是否在有效期内和证书中密钥的使用是否得当。在某些服务中，被认证实体随认证响应一起送出其证书（和证书链）。在其他服务中，认证服务则从证书目录中获取证书。

2. 机密性

机密性就是确保数据的秘密，除指定的实体外，无人能读出这段数据。这一服务用来保护主体的敏感数据在网络中传输和非授权泄露时，自己不会受到威胁。PKI 的机密性服务是一个框架结构，通过它可以完成算法协商和密钥交换，而且对参与通信的实体是完全透明的。

PKI 的机密性服务采用了如下机制（假设 Alice 与 Bob 通信）：

（1）Alice 生成一个对称密钥（或者使用自己的密钥交换私钥和 Bob 的密钥交换公钥生成）；

（2）用对称密钥加密数据；

（3）将加密后的数据以及 Alice 的密钥交换公钥或 Bob 的加密公钥加密后的对称密钥发送给 Bob；

（4）Bob 收到数据；

（5）Bob 用自己的解密私钥（或 Alice 的密钥交换公钥和自己的密钥交换私钥）生成对称密钥；

（6）Bob 用对称密钥解密，还原出原始数据。

3. 完整性

数据的完整性就是经过检查，确认数据没有被非法修改。这些数据包括在存储状态下的数据和在传输过程中的数据。显然，在任何商业或电子交易环境中，这种确认是很重要的。通常在希望提供数据完整性服务的实体和需要验证数据完整性的实体之间，需要协商出合适的密码算法和密钥。PKI 可以以一种完全透明的方式在实体间完成这种协商。

PKI 的完整性服务可以采用两种技术之一。第一种是数字签名，既可以提供认证（就是实体认证），也可以保证被签名数据的完整性。这是密码杂凑算法和签名算法的必然结果。输入数据的任何变化都可能引起输出数据大小的不可预测的变化，换句话说，如果数据在"出所"和"here"或"then"和"now"之间进行了修改（无论是事故还是人为故意操作），签名验证就会失败，接受方显然就不能收到完整的数据。如果签名通过了验证，接受方很可能是收到了原始的数据（就是未经修改的数据）。

完整性采用的第二种技术就是消息认证码或 MAC。这项技术通常采用对称分组密码（如 DES、CBC-MAC）或密码杂凑函数（如 HMAC-SHA 系列）。这种技术需要合适的机制获得共享密钥。例如，Alice 希望向 Bob 发送完整的数据，而 Bob 有加密公钥，Alice 可以采用以下步骤来实现：

（1）产生新的对称密钥；

（2）使用新的对称密钥生成数据 MAC；

（3）用 Bob 的加密公钥加密对称密钥；

（4）将数据和加密后的密钥一起发送给 Bob。

类似地，如果 Bob 拥有密钥交换公钥，Alice 可采用如下步骤：

（1）使用 Bob 的密钥交换公钥和自己的密钥交换私钥混合生成对称密钥；

（2）使用对称密钥生成数 MAC；

（3）将数据和她的公钥证书交给 Bob。

Bob 能使用 Alice 的公钥和自己的私钥重新生成对称密钥来验证数据的完整性。如果没有使用数字签名来提供数据的完整性服务，就应该使用一个好的密码 MAC 函数。

（二）支撑的服务

PKI 支持的服务主要包括不可否认服务、安全时间戳、安全公证服务、在线状态查询、授权与访问控制等。这些服务建立在 PKI 核心服务之上，并不是 PKI 本身所固有的功能。根据实际情况，某一个 PKI 可以选择性地支持部分或全部服务。

1. 不可否认服务。

不可否认服务用于从技术上保证实体对他们行为的诚实。最通常谈论的是对数据来源的不可否认（这种情况就是用户不能否认消息或文件源于自己）和接受后的不可否认（这种情况就是用户不能否认接受了信息和文件）。基本想法是用户用密码的手段认可某个行为，以证明事后否认自己的行为是蓄意的。

不可否认服务为当事双方间发生的相互作用提供不可否认的事实。同身份认证相反，不可否认服务关注于一个具体行为并验证当事双方打算而且确实参与了这个行为。举个例子，因特网的银行用户在付账时把自己的活期存款转账到商家账户，这时他希望得到的就是不可否认服务。用户希望能够确保如果事后商家声称未收到付款，银行也不能否认款项的确已经划过去了。与此类似，网上银行则希望确保用户不可否认自己曾经做过的转账。

"不可否认"是人们在谈论 PKI 领域时频繁提到的一个词，但令人遗憾的是，人们通常并不懂得"不可否认"的全面含义。例如，单有数字签名并不能给不可否认提供足够的凭证。不可否认的主要标准来自国际标准化组织（ISO）。涉及不可否认的 ISO 标准有开放分布式处理参考模型、X.400 系列标准以及 X.800 系列标准。根据开放分布式处理参考模型，"不可否认"功能就是要防止涉及交互过程的对象否认参与整个或部分交互过程，ISO/IEC 13888 声明："对于一个特定的应用程序，只有在为其清晰定义的安全策略及法律环境下，才能提供不可否认服务。""不可否认服务的目标是收集、维护、提供以及验证不可否认的证据。"

ISO 标准为不可否认服务定义了一组详尽的角色，包括如下角色：

（1）数据生成者：交互过程中数据的最初来源；

（2）数据接收者：数据的最初接收方；

（3）证据生成者：生成不可否认证据的实体；

（4）证据用户：在交互过程中使用不可否认证据的实体；

（5）证据检验者：检验不可否认证据是否有效的实体；

（6）公证人：提供数据生成者和（或）接收者可能需要的功能的实体。

2. 安全时间戳。

安全时间戳是一个可信的时间权威机构用一段可认证的完整的数据表示时间戳。最重要的不是时间本身的准确性，而是相关时间、日期的安全性，以证明两个事件发生的先后关系。在 PKI 中，它依赖于认证和完整性服务。

安全时间戳服务用来证明一组数据在某个特定时间是否存在。它可以被用于证明像电子交易或文档签名这样的电子行为的发生时间。如果行为具有法律或资金方面的影响，那么时间戳就尤其有用了。例如，可以证明一份投标书的提交时间是否在截止期限之前等。

总的来说，时间戳服务遵循一种简单的请求 / 响应模型。希望得到安全时间戳的实体发送一个请求给时间戳服务者，请求中包含了等待加戳的数据的散列值。时间戳服务从自己的时间源获取一个时间值，把数据散列值与时间值放在一起，用时间服务者的私钥进行签名。要使时间服务有意义，其时间源必须像原子钟那样高度精确。因为时间戳服务只需要数据散列值，而不需要数据本身，所以这项服务完全可以是匿名的。为了进一步提高安全性，时间戳服务者可以把具有时间戳的文件散列值发布于公共媒体（如报纸）。如果对时间戳发生了争议，也就是说，某个质询者想追溯一个时间戳，那么这个质询者就可以从报纸中找出已发布的散列值，再对照报纸发行时间，从而解决争议。

3. 安全公证服务。

安全公证服务模仿实际公证过程。在实际公证过程中，公证人签名声明了一位公平的目击者监督了一个文件的签名过程。经过训练，公证人员可具有三个主要职能：肯定签名者身份、确定签名者签名意愿（是否是被强迫签名的）、评价签名者对签名后果的知晓程度。在过去，请求公证服务的人必须亲自带上文件去见公证人，而一些数字签名法正在改变这一要求。例如，在美国部分地区，数字签名可以作为传统公证签名的等价方式，法律并不要求签名者亲自去见公证人或者机构。有的公证机构担心这会削弱公证的职能。尽管远程数字公证服务可以要求用户表明自己对签名将造成的影响的知晓程度，但在确定签名者的意愿时却无能为力。随着人们更多地使用数字公证，为数字公证服务制定的法规或许会逐渐形成和完善。实际上，对电子公证有几种不同的解释。一种解释同安全时间服务非常相似，不同的是公证服务要对加时间戳的行为进行记录，记录内容包括提交的散列值、运算求出的安全时间戳以及有关请求者的信息。另一种解释更接近于实际的公证服务，用户把用自己私钥签名的文档提交给公证员。提交行为可以通过电子邮件、表单或其他电子提交手段进行，这样公证员就成为文档和签名的"目击证人"。然后公证服务对原始文档加上原始签名的散列值签名。公证服务必须对自己签过名的文件进行记录，记录内容包括文档加上原始签名的散列值、公证员"目击"签名的时间以及公证员的签名。

PKI 支撑的公证服务与"数据认证"是同义词。就是说公证人证明数据是有效的或正确的，而正确的意义取决于数据被验证的方式。例如，如果被证明的数据是基于某一拼凑值的数字签名，在下列情形下，公证人可以证明签名是有效的：

（1）用相关的公钥进行运算，在数学上验证签名是正确的；

（2）被申明用于签名的公钥仍是合法的；

（3）在签名过程中所需的其他数据（如在验证证书中涉及的其他证书）可信且能够获得。

PKI 的公证人是一个被其他 PKI 实体所信任的实体，能够正确地提供公证服务。通过数字签名机制证明数据的正确性，其他实体需要保存公证人的验证公钥的正确拷贝，以验证和相信作为公证的签名数据。公证服务依赖于认证服务。在通常情况下需要安全时间戳服务的支持，因为公证人需要在数据公证结构中包含公证的时间。

4. 授权与访问控制。

授权（Authorization）是确定允许你做什么的过程。授权往往结合认证来进行。实体通过认证（并且可能被鉴定）之后，可能被允许做他想做的事情，比如接入系统、读取文件等。然而，更多的情况是，只有特定的一些实体才具备做某些特定事情的资格，例如,只有员工的上级才能批准员工的请假。在电子世界中,授权依赖于所使用的认证(可能还有身份)和一组规则来确定是否允许某一实体在该系统中访问特定的系统或者功能。例如,如果参加网校的远程教育课程,那么将只被授权查阅已经付费订阅的相关课程的学习资料。

这里介绍一下授权和认证两个概念之间的区别和相似点。认证关心的是实体是谁,与此相关联的是实体身份授权,其关心的是允许一个实体看什么或做什么。授权并不正式请求远程连接网络的实体就是 Bob,它只是说,如果是 Bob 就允许介入。

在很多环境中,认证和授权必须协调工作。没有授权的认证只可以用于某些目的(如数据来源鉴别)。另外,没有认证的授权是没有价值的(因为在没有决定某个特定实体的身份或属于某个特定组或具有某个角色的情况下,该实体的特权是没有用的)。

在有些环境中,特权的委托是很有用的。特权委托有两种方式:隐式委托和显示委托。隐式委托指从权威机构获得特权的特权持有者可以私自将自己的特权委托给第三方,无须权威机构记录和认可;显示委托指特权持有者将特权委托给第三方的行为需要权威机构的记录和认可。因此,显示委托带有审计记录,是可审计的委托。对于验证实体来说,可以清楚检查从权威机构到终端特权持有者的委托路径。

二、公钥基础设施体系结构

为了实现 PKI 规定的各项服务,应该考虑如何将 PKI 的各组件与服务结合在一起,建立一个合理的体系结构。它规定了 PKI 组件间的相互作用。

X.509 标准规定了数字证书的格式和使用领域,以及公开密钥的分配过程。作为一个主要标准,它需要适应于众多使用领域,允许证书内容有可选的变化,并支持多种可能的操作模型。它能够为特定团体或者领域的应用定义 X.509 功能子集,以允许更多的互操作版本。

公开密钥基础设施 X.509(Public Key Infrastructurefor X.509,PKIX)工作组由 Internet 工程任务组(Intemet Engineering Task Force,IETF)组成,用来规定证书概要文件集合和操作模型,使其适于在 Internet 上部署 X.509 公开密钥。

PKIX 定义了公钥基础设施的大部分功能,主要有:注册、初始化、认证、密钥对恢复、密钥产生、密钥更新、交叉证书、撤销、证书和撤销通知的分发、公布等。为支持它的体系结构模型,PKIX 撰写了文档来描述五个主要领域。这些领域包括:X.509v3 证书和 v2 证书撤销列表概要文件、操作协议、管理协议、策略概要、时间戳与日期认证服务等。

这些文档细化了基本 X.509 的描述。概要文件提供的 X.509 子集包括了一些公认的有用扩展项，另外，对于在不同环境下的互联网操作，扩展可以被标识为关键的或者可选的。操作和管理协议描述 PKIX 兼容组件为了彼此互操作必须支持的消息。管理协议规定了如何利用现有 Inlernet 协议提供的服务（如 FTP、HTTP 等）来支持 PKIX 模型。策略概要描述了应该如何使用证书或者应该如何操作 PKI 组件。在大多数情况下，应该提供文件来控制 PKI 操作，概要是 PKI 执行关于这些文件种类的指示或指南。时间戳与日期认证服务是一个辅助服务。

（一）数字证书

数字证书专指电子形式的证书。Kchnfelder 在他 1978 年的学士学位论文《发展一种实用的公钥密码系统》中第一次引入数字证书的概念。通过数字证书把公钥传递给一个证书使用者。简单地讲，公钥证书就是用来绑定实体姓名（及其他相关属性）和相应公钥的。

实际上，数字证书的形式不止一种，主要有：

1. X.509 公钥证书；

2. 简单 PKI（Simple Public Key Infrastructure）证书；

3. PGP（Pretty Good Privacy）证书；

4. 属性（Attribute）证书。

以上数字证书的格式各不相同。有的类型数字证书还定义了几种不同的版本。每种版本本身也可能有几种不同的实现方式。例如，X.509 公钥证书就有 3 种版本。版本 1 是版本 2 的子集，版本 2 又是版本 3 的子集。因为版本 3 的公钥证书包括几种可选的不同扩展，所以它能表现为不同的应用方式。例如，安全电子交易（SET）证书就是 X.509 第 3 版的公钥证书结合专门为 SET 交易定制的特别扩展而成的。

在不产生歧义的情况下，本书中提到的证书（或数字证书）仅仅是指在 X.509 建议中定义的第 3 版本的公钥证书。任何其他类型的证书在本书中都会有进一步的说明，以免引起混淆。

X.509 公钥证书的 3 种版本格式都是确定的。在 1988 年的 X.509 建议中规定了第 1 版公钥证书，因为它缺乏支持其他额外属性的扩展能力，所以不具有灵活性。第 2 版的公钥证书在灵活性方面做了一点改进，但没有得到广泛的接受。在 1997 年的 X.509 建议中，第 3 版的公钥证书修正了前两版的不足，特别是版本 3 在扩展支持方面做了重大改进与提高。所以，第 3 版本的公钥证书具有相当的灵活性，它所具备的多项扩展能够很好地满足企业的要求，因此得到了企业的广泛支持。

X.509 数字证书有两种主要类型：终端实体证书和 CA 证书。终端实体证书（End-entity Certificate）的主体（持有者）不能再给另外的实体颁发证书。CA 证书（CA

Certificate）的主体是认证机构，可以颁发终端实体证书（和其他类型证书）。CA 证书由证书中的基本限制（Basic Constraints）扩展字段标识指明所颁发的是 CA 证书。基本限制字段将在后面的证书格式中解释。CA 证书又包括自颁发证书、自签名证书和交叉证书三种形式。

（1）数字证书的格式。

为保证证书的真实性和完整性，证书均由其颁发机构进行数字签名。X.509 公钥证书是专为 Internet 的应用环境制定的，但很多建议都可以应用于企业环境。第 3 版的证书结构说明如下：

① 版本号（Version Number）：标示证书的版本（版本 1、版本 2 或是版本 3）。第 1 版证书偶尔还可以见到，第 2 版在短期内就被发现有缺陷，很快被第 3 版取代了。

② 序列号（Serial Number）：由证书颁发者分配的本证书的唯一标识符。特定 CA 颁发的每一个证书的序列号都是唯一的。

③ 签名（Signature）：签名算法标识符（由对象标识符加上相关参数组成），用于说明本证书所用的数字签名算法，同时包括该证书的实际签名值。

④ 颁发者（Issuer）：用于标识签发证书的认证机构。证书颁发者的可识别名（DN）是必须说明的。

⑤ 有效期（Validity）：证书有效的时间段，由开始日期（Not Valid Before）和终止日期（Not Valid After）两项组成。日期分别由 UTC 时间或一般的时间表示。

⑥ 主体（Subject）：证书持有者的可识别名，此字段必须是非空的，除非使用其他的名字形式（参见稍后的扩展字段）。

⑦ 主体公钥信息（Subject Public Key Info）：主体的公钥及算法标识符。这一项是必需的。

⑧ 颁发者唯一标识符（lssuer Unique Identifier）：证书颁发者可能重名，该字段用于唯一标识的该颁发者。仅用于版本 2 和版本 3 的证书中，属于可选项。

⑨ 主体唯一标识符（Subject Unique Identifier）：证书持有者可能重名，该字段用于唯一标识的该持有者。仅用于版本 2 和版本 3 的证书中，属于可选项。

⑩ 扩展（Extensions）：扩展增加了证书使用的灵活性，能够在不改变证书格式的情况下，在证书中加入额外的信息。扩展项分为标准扩展和专用扩展，标准扩展由 X.509 定义，专用扩展可以由任何组织自行定义，因此，特定组织定义和接受的扩展集各不相同。证书扩展包括一个标记，用于指示该扩展是否必须是关键扩展（Critical/Non-critical）。关键标志的普遍含义是，当它的值为真时，表明该扩展必须被处理。如果证书用户不能识别或者不能处理含有关键标志的证明，则必须认为该证书无效。如果一个扩展未被标记为关键扩展，那么证书用户可以忽略该扩展。

（2）证书撤销列表格式。

通常，证书只有在有效期内是有效的，但是也会出现特殊的情况，如密钥泄露、工作变换等，这时必须强制该证书失效。这样，就需要一种有效和可信的方法来在证书自然过期之前强制作废它。证书撤销的方法很多，其中一种方法是利用证书权威机构定期地发布证书撤销列表（Certificate Revocation List，CRL）的方式。证书撤销格式如下：

① 版本号（Version Number）：指出 CRL 的版本号（或者是版本 2，或者本字段为空则表示是版本 1 的 CRL）。

② 签名（Signature）：计算本 CRL 的数字签名所用的签名算法的对象标识符。

③ 颁发者（Issuer）：CRL 颁发者的唯一识别名（DN）。

④ 本次更新（The Update）：本 CRL 的发布时间。

⑤ 下次更新（Next Update）：下一个 CRL 的发布时间，属于可选项，但推荐使用。

⑥ 撤销的证书列表（Certificate Revocation List）：撤销证书的列表，每个证书对应一个唯一的标识符（它含有已撤销证书的唯一序列号，不是实际的证书）。在列表中的每一项都含有该证书被撤销的时间作为可选项。

⑦ 扩展（Extensions）：在 CRL 中也可包含扩展项来说明更详尽的撤销信息，但限于篇幅，不再详细介绍。

（二）PKIX 体系结构

PKIX 体系结构内的主要组件包括：终端实体（End Entily，EE）、证书机构（Certificate Authority，CA）、注册机构（Registration Authority，RA）、CRL 发布者（CRL Issuer）、资料库（Repository）等。PKI 组件及其相互间的主要关系说明如下：

1. 终端实体（EE）：PKI 证书用户，应用软件的使用者；最终用户使用的应用系统。

2. 证书机构（CA）：发行和撤销 PKI 证书。

3. 注册机构（RA）：PKI 的可选系统，执行 CA 委托的任务，如确定公开密钥和证书持有者身份之间的关联等。

4. CRL 发布者：PKI 的可选系统，执行 CA 委托的发布证书撤销列表的任务。

5. 资料库：一个系统或一个分布式系统的集合，用来存储证书和 CRL 以及向终端实体提供证书和 CRL 的分发服务。

PKIX 组件之间的信息流包括：操作事务、管理事务、证书和 CRL 公布等。操作事务是包含在操作协议文档中的消息交换，它提供证书、CRL 和其他管理与状态信息的传送。同样，管理事务是管理协议文档中描述的消息交换，它提供通知服务，以支持 PKI 内部的管理事务或操作。公布用于向公开库分发证书和 CRL。

（1）注册机构。

在某些特定的应用环境中，CA 将某些责任委托注册机构（RA）来完成。注册机构（RA）是 PKI 内的可选实体，它负责与注册终端实体相关的管理任务。终端实体是 CA 发行证书的主体。如果在 PKI 中没有设置 RA，则 CA 自身具备与注册机构性能相同的功能。

尽管注册的功能可以直接由 CA 来实现，专门设置一个单独的注册机构（RA）来实现注册功能在有些应用环境中是很有意义的。例如，一个大型集团公司可以设置一个集中控制的 CA，但公司办事处的地理位置十分分散。随着公司规模的扩大，员工数目不断增加，且这些员工分散在不同的办事处，集中登记注册比较麻烦。如果按地理位置的分布，设置多个 RA（也叫局部注册机构，或 LRA）将有助于解决这一问题。RA 的主要目的就是分担 CA 的一定功能以增强可扩展性并且降低运营成本。

RFC2510 的 Internet 公钥基础设施证书管理协议（Internet Public Key Infrastructure Certificate Management Protocol）规定的 RA 功能包括：个人认证、令牌分发、吊销报告、名称指定、密钥生成、存储密钥对等。在多数情况下，RA 用于在证书登记过程中核实证书申请者的身份，并且不同的 RA 的注册条件也会有所不同。

不同的注册机构实现不同的功能集合。功能集合的定义要根据 PKI 实施的需求而变化，这些功能可能包括以下功能列表的一部分：

① 作为初始化过程的一部分建立并确定个体的身份；

② 确认主体所提供信息的真实性；

③ 批准或拒绝证书属性的变更请求；

④ 确认主体确实拥有注册的私钥，这一般称为拥有证据（POP）；

⑤ 在需要撤销证书时向 CA 报告事件原因；

⑥ 分配名称以识别身份；

⑦ 在注册初始化和证书获得期间产生共享秘密；

⑧ 产生公 / 私钥对；

⑨ 代表终端用户启动和 CA 的认证进程（包括终端用户相应属性的注册）；

⑩ 私钥归档；

⑪ 开始密钥恢复处理；

⑫ 包含私钥的物理令牌（如智能卡）的分发。

一般来说，注册机构控制注册、证书传递、其他密钥和证明生命周期管理过程中终端实体和 PKI 间的交换（经常包括用户的相互作用）。切记，在任何环境下 RA 都不能真正提供关于主体的可信性声明，只有证书机构可以颁发证书或者颁发证书撤销状态信息。

（2）认证机构。

在 PKI 框架中，认证是一种将终端实体（及其属性）和公钥绑定的一种手段。如前文所述，这种绑定表现为一种签名的数据结构即公钥证书。认证机构（CA）就是负责颁发这些公钥证书的机构。CA 是 PKI 的核心，负责证书的管理（发行、吊销、更新）、证书和 CRL 发布，以及事件日志记录等几项重要的任务。从根本上说，这些任务都是 CA 的责任，但其中某些功能可能会委托给其他 PKI 实体（如 RA）来完成。

认证机构（CA）是公钥基础设施中受信任的第三方实体。CA 向主体发行证书，该主体成为证书的持有者。通过 CA 在数字证书上的数字签名来声明证书持有者的身份。CA 是信任的起点，各个终端实体必须对 CA 高度信任，因为他们要通过 CA 的担保来验证其他的主体。

根据信任模型的不同，CA 也扮演不同的角色。例如，在一个企业域，可以让一个或多个 CA 来给企业的员工颁发证书。员工们实质上是将他们的"信任"放入了企业的 CA，在 PGP 信任的 Web 模型中就采用了不同的结构。那里用户自己扮演自己的 CA，所有的信任决定取决于个人而不是远端的 CA。

（3）资料库。

资料库被用作证书和 CRL 的公共存储地，是网上的公共信息库，可供公众进行开放式查询。最初，资料库是一个 X.500 目录。为了支持 PKIX，资料库通常是一个 LDAP 目录。LDAP 是 PKIX 明确支持的一个操作协议。虽然像在 CMP 之类的管理协议中规定的操作能够提供获取指定证书或者 CRL 的查询支持，但对于公众来讲，LDAP 可以直接使用。

一般来说，用户查询资料库的目的有两个：① 想得到与之通信的对方实体的公钥；② 要验证通信对方的证书是否已经被撤销。证书库支持分布式存放，即可以采用数据库镜像技术，将 CA 签发的证书中与本组织有关的证书和证书撤销列表存放到本地，以提高证书的查询效率，减少向总目录查询的次数。

（三）PKIX 的主要功能

1. 注册。

注册是即将成为证书主体的终端实体使 CA 认识自己的过程。终端实体可以通过 RA 注册，如果 CA 能够实现 RA 的功能，终端用户也可以直接向 CA 注册。确定主体所使用的名字和其他属性必须依照证书操作管理规范进行，CA 在证书操作管理规范之下进行操作。

2. 初始化。

当终端实体需要开始与 PKI 通信时存在自举问题。终端实体如何决定它们需要同哪个 PKI 组件通信？如何向终端实体提供 CA 的公开密钥和证书？终端实体如何确定 RA 或者 CA 的安全通信信道？在注册期间如何产生终端实体的公用钥？初始化期间提供的信息应该回答这些问题。

在开始通信前各方之间需要创建或者传送的初始值是 PKIX 模型中初始化功能的一部分。

3. 认证。

CA 为主体公开密钥发行证书，并将该证书返给终端实体或者将它公布在一个资料库中。

4. 密钥的恢复。

为了满足本地策略需要，加密数据使用的密钥或者其他密钥（为了密钥传输或交换）可能需要归档。在密钥丢失并且需要访问先前加密的信息时，允许密钥恢复。CA 或者分离的密钥恢复系统可以执行归档和恢复操作。

5. 密钥产生。

PKIX 允许终端实体在本地环境下产生证书主体的公／私钥对，并且传送给注册要求的 RA/CA 作为选择，可以由 RA 或 CA 产生密钥对，私钥材料可以以某种安全的方式分配给终端实体。

6. 密钥更新。

PKIX 希望有规律地更换密钥对。在密钥过期或者密钥泄露时，如果密钥更新发生是为了响应正常密钥过期，新密钥的转变应该透明地发生，并且要求支持适当的通知机制和期限。在密钥泄露的情况下，必须声明该证书无效，并且必须宣布新证书的有效性和可用性。鉴于这种事件的无计划本质，它可以是任何事情，但是不可能缓慢地进行。

PKIX 要求支持 CA 密钥和证书更新。实际上，随着时间的推移，透明地处理这件事对 PKI 的平滑操作是必要的。对于正常的密钥过期，相同的协议和过程可能支持 CA 密钥和证书的更新，但是在 CA 密钥泄露事件发生时可能需要支持带外通知。CA 密钥泄露是一个灾难事件，导致 CA 证书和泄密 CA 及其下属发行的所有证书被撤销。

7. 交叉证书。

PKIX 将交叉证书确定为一个 CA 向另一个 CA 发行的证书，用来证明 CA 签名证书使用的公／私钥对中。可以在相同管理领域或者交叉管理领域发行交叉证书。可以在 CA 之间的一个方向或者两个方向发行交叉证书。在关于信任模型的章节中将详细讨论这个问题。

8. 撤销。

如果 CA 想在证书过期之前使之失效，那么就需要吊销证书。比如，职员可能会离开公司,在这种情况下,公司不会希望一个前职员仍然拥有公司CA发行的有效证书。另一种情况是, 某个用户可能丢失了自己的手提电脑, 如果该用户的证书所关联的私钥在手提电脑中, 那么盗窃者就能够冒充此用户。为防止发生类似情况, CA需要用一种方法来吊销证书并通知吊销的终端实体。

PKIX CA负责维护关于证书状态的信息。这包括在证书过期之前变成无效证书时对证书撤销的支持。可以使用X.509v2CRL作为传递证书撤销状态信息的机制。在证书已经撤销之后, 将实体增加到下一个发布的CRL中。

作为选择, CA可以使用在线撤销通知机制, 例如, 在线证书状态协议(Online Certificate Status Protocol, OCSP), 减少CA撤销证书与通知终端实体之间的延迟。与CRL发布机制不同, 终端实体使用在线方式的证书确认必须能够确定在线服务提供者的身份。在OCSP的情况下, 要求确认向客户提供响应的响应者签名。

9.证书与撤销通知的分发与发布。

PKI负责分发证书和证书撤销通知。在注册流程结束和证书所有者或用户要求这么做时, 可以通过将证书传递给所有者来分配证书。作为选择, 可以使用库服务, 例如LDAP目录; 作为发布机制, 其可以通过以下方式分配撤销信息或通知, 以CRL的形式向例如LDAP目录的资料库公布已撤销证书列表, 产生转发给终端实体的通知, 或者提供终端实体查询的在线服务(或者响应程序)的访问, 可以定期或者不定期地公布CRL。

(四)PKIX 管理协议

目前在三个文档中定义管理协议, 它们是RFC2510, 证书管理协议(CMP); RFC2797, 基于CMS的证书管理消息(CMC), 是描述两个管理消息相互交换的协议; RFC2511, 证书请求消息格式(Certificale Request Message Format, CRMF), 是描述请求和响应管理的消息格式。

PKIX工作组定义的管理协议经历了多变的开发过程。PKIX开发CMP作为PKI实体间通信的消息协议。同时, 安全电子邮件(S/MIME)工作组正在为基于消息方案的PKCS#10工作。先前在安全电子邮件团体中使用PKCS#10作为证书请求结构。

PKIX组定义了一套证书注册消息, 称为CRMF, 用它取代CMP和CRS的证书请求, 但不幸的是它不包括对PKCS#10格式化消息的支持。使用证书管理报文格式(Certificate Management Message Formats, CMMF)对管理消息提供更大集合的支持。

(五)PKIX 验证协议

除了PKIX管理协议, 还有一系列关于处理验证问题的协议。这里介绍两方面的内容: 认证路径验证和证书撤销状态的验证。

1. 认证路径验证。

认证路径验证指依赖方（Relying Party）处理证书的有效路径，验证证书中的主体名或主体别名与证书中的公钥绑定的有效性。这种绑定关系受证书中指定的"约束项"（基本约束、策略约束等）的限制。证书中的基本约束扩展项和策略约束扩展项允许这种认证路径验证逻辑的自动进行。这里主要介绍基本认证路径验证算法。

算法的输入是一个信任锚（根 CA）。不同的信任锚用于验证不同的认证路径。认证路径中涉及的所有证书都处于其有效期内。为了达到算法验证认证路径的目的，要处理的认证路径（包含一个证书的序列）中的证书还需要满足以下条件：

（1）对于序列中第 1~n–1 号证书中的任意一张证书 x。x 号证书的证书主体是 x+1 号证书的签发者；

（2）1 号证书的签发者是信任锚；

（3）n 号证书是将要被验证的证书；

（4）对于序列中第 n–1 号证书中的任意一张证书 x，x 证书在当时是有效的。

如果信任锚以自签证书（Self–signed Certificate）的形式提供，则该自签证书不包括在认证路径中。

本算法包括四个基本步骤：① 初始化；② 基本证书处理；③ 准备下张证书；④ 完成。其中步骤 ① 和步骤 ② 仅执行一次，步骤 ② 对路径中的所有证书各执行一次，步骤 ③ 对路径中除最后一张证书以外的所有证书各执行一次。

2. 证书撤销状态的验证。

CMP 作为一个管理协议，与撤销相关的操作主要有：撤销请求、撤销响应、撤销通知、CRL 请求等。

在一般情况下，如果要查看一张证书是否被撤销，终端实体或依赖方不得不下载和处理证书撤销列表。对于认证路径中的多张证书，依赖方必须访问对应的不同 CA 发布的多个 CRL。

为了方便终端实体或者依赖方对证书有效性的验证，选择性地提供两种服务：① 提供在线证书状态查询服务（Online Certificate Status Protocol，OCSP），允许终端实体在线查看个体证书 B 的撤销状态。② 将验证证书的整个问题交给验证服务，称为简单证书验证服务（Simple Certificate Verification Protocol，SCVP）。限于篇幅，本书只介绍 OCSP 的相关内容。

OCSP 提供了一种不通过 CRL 来获取数字证书的当前撤销状态的机制。定义 OCSP 的动机是为了克服基于 CRL 的撤销方案的局限性，并且为证书状态查询提供及时的最新响应。查询结果返回的是特定证书撤销与否的信息，而不是 CRL 形式的大量线性搜索列表。OCSP 提供比使用 CRL 更多的实时信息，因为 CA 是在自己需要的时候产生 CRL，而不是在依赖方需要 CKL 的时候。

OCSP 是一个简单的请求/响应协议，可基于多种传输协议传输该协议，但最经常使用的是 HTTP。一个 CSP 请求由协议版本号（目前只定义了版本 1）、服务请求类型以及一个或多个证书标识符组成，也可能有额外的扩展。响应也是相当直接的，它的组成包括证书标识符、证书状态（正常、撤销、未知）、对应于原始请求中具体证书标识符的验证响应间隔。如果一个证书的状态是"撤销"，就要表明撤销的具体时间，也可能包括撤销原因。

OCSP 的响应必须经过数字签名以保证响应是源于可信任方，并且在传输过程中没有被改动。签名密钥可能属于颁发证书的 CA 或是经过颁发证书的 CA 认可（通过授权）的实体，在任何情况下，用户都必须信任响应，这也意味着响应的签发者必须被用户信任。因此，用户必须得到 OCSP 响应者公钥证书的拷贝，并且证书由可信者签发。

在证书的有效性方面，OCSP 除了用来检测证书的撤销状态外没有其他的功能。换句话说，就是 OCSP 只是用来说明一个给定证书是否已被撤销，而不能验证一个证书是否在有效期内，它也不保证该证书是否被正确使用。例如，是否按照证书中的密钥使用、扩展密钥使用，或其他策略限定符等扩展的要求。它要求用户通过其他手段完成这些检验。

OCSP 响应者可以采用多种方式检查证书集合的当前有效性。可以通过其他授权的 OCSP 服务器，可以使用 CA 发布的 CRL，也可能将 OCSP 响应程序配置成直接访问证书数据库，甚至其他的情况，OCSP 响应者提供信息的实时性将取决于获得信息来源是否延迟。因此，不能简单地认为 OCSP 能自动更新信息以提供实时服务。

当然，OCSP 也存在缺点。首先，它增加了协议的复杂度。使用 OCSP 必须额外考虑请求响应的安全性。其次，OCSP 只是一个协议，没有定义收集撤销信息的底层结构。它仍然需要 CRL 或其他方法来收集证书撤销信息。最后，OCSP 的响应必须经过数字签名，这可能产生明显的性能影响。

三、PKI 的信任模型

（一）基本概念

1. 信任。

不同的人在不同的领域对信任有完全不同的理解。在本书中借用 ITU-T 推荐标准 X.509 规范（X.509，Section3.3.54）中给出的定义：一般说来，如果一个实体假定另一个实体会准确地像它期望的那样表现，那么就说它信任那个实体。这个概念包括双方的一种关系以及对该关系的一些期望。对这些假设或期望可以使用信任度的概念。信任度与双方位置（或了解程度）有直接关系。如果双方位置很近或很了解，那么就有较高的信任度，否则信任度就很低。这里所说的信任的关键角色是终端实体和认证机构，要求终端实体必须完全信任认证机构颁发的证书，即证书是可信的。

在 PKI 环境中，信任的定义常常这样使用：如果一个终端实体假设 CA 能够建立并维持一个准确的对公钥属性的绑定（如准确地指出它发给证书的实体的身份），则该实体信任该 CA。

在 PKI 环境中还有一个关于"可信公钥"（Trust Public Key）的说法。可信公钥跟证书主体的行为没有关系。它指的是依赖方相信证书主体正当且有效地拥有与本证书中的公钥信息相对应的私钥。也就是说，证书中与公钥绑定的身份信息是真实的。

2. 信任域。

在一家公司中，很可能公司的一名员工对公司内部人员比对公司外部人员会有更高的信任度。对于一个群体，如果群体中所有个体都遵守同样的规则，则称这个群体在单信任域中运作。所以，对于一个组织，信任域可以理解为：在公共控制下或服从于一组公共策略的系统集。

在信息界，对"域"的定义主要有两种：① 用于安全：指由同一个安全策略、安全模型或安全体系结构定义的一个环境。这个环境包括一系列系统资源和有权访问这些资源的实体。② 用于 Internet：位于本域名或域名下的 Internet 域名空间子域。如果一个域 A 被另一个域 B 所包含，则称域 A 为域 B 的子域。

由此，信任域可以理解为：由同一个信任策略、信任模型或信任体系结构定义的一个环境，这个环境包括在一系列实体之间存在信任关系（可能是双向信任，也可能是单向信任）。信任域在 Internet 中的表达方式可以采用树形结构或类似的结构。

在 PKI 中，信任域可以理解为：执行相同 PKI 策略的 PKI 实体集合。除根 CA 外，集合中的每一个实体都能够在本集合中找到自己信任的实体。

3. 信任锚。

在 PKI 中，证书用户或依赖方直接信任的 CA 称为信任锚。信任锚一般是该信任域的根 CA，一个终端实体信任证书的持有者，是因为信任证书的签发者 CA。终端实体信任该签发者 CA 的前提条件是可以沿着证书的验证路径找到它直接信任的一个 CA。这个 CA 就是信任锚。如果签发这张证书的 CA 是本信任域中唯一的 CA，那么它就是信任锚。如果信任域中有多个 CA，则证书路径顶端的 CA 为信任锚。

举个现实生活中的例子。假设你要做一笔生意，验证生意对方的可信程度很重要。如果对方是你多年的生意朋友，你可以直接信任他，这时你自己就是信任锚。如果你并不了解你的生意对象，然而你很信赖的一位朋友在你们中间做担保，那么你也可以信任你的生意对象。这时，你的这位朋友就是信任锚。当然，有时很难找到这样德高望重的一位朋友，这时可以通过工商局来解决。如果工商局提供的信息（营业执照等）让你和你的生意对象之间产生了信任，那么，工商局就是你的信任锚。

4. 信任关系。

在公钥基础设施中，当两个认证机构中的一方给对方的公钥或双方互相给对方的公钥颁发证书时，两者间就建立这种信任关系。这种信任关系的传递，使得这些认证机构排列在一起，形成了一条信任路径。证书用户在验证一个实体身份时，沿这条路径就可以追溯到他的信任关系的信任锚。

（二）信任模型

PKI 的信任模型提供了建立和管理信任的框架，用来描述终端用户、依靠主体和CA 之间的关系，是 PKI 系统整个网络结构的基础。目前广泛使用的信任模型主要有以下几种。

1. 严格等级结构的信任模型。

这个模型可以描述为一棵翻转的树，其中树根代表整个 PKI 系统中信任的起始点，称为根 CA，PKI 系统中的所有实体都信任根 CA。根 CA 下存在多级子 CA，根CA 为自己和下级子 CA 颁发数字证书，但不为用户颁发证书。无下级的 CA 称为叶CA，叶 CA 为用户颁发证书。除根 CA 外的其他 CA 都由父 CA 颁发证书。

这种模型中的证书链始于根 CA，并且从根 CA 到需要认证的终端用户之间只存在唯一的一条路径，在这条路径上的所有证书就构成了一个证书链。这种模型结构清晰，便于全局管理，但对于大范围内的商务活动，很难建立一个所有用户都信任的根CA，并且若根 CA 的私钥泄露，整个 PKI 体系将崩溃。

2. 网状信任模型。

这种模型中没有所有实体都信任的根 CA，终端用户通常选择给自己颁发证书的CA 为根 CA，各根 CA 之间通过交叉认证的方式互相颁发证书。网状信任模型比较灵活，便于建立特定的信任关系。在有直接信任关系存在时，验证速度较快。但由于存在多条证书验证路径，也存在如何有效地选择一条最短的验证路径的问题。

3.Web 信任模型。

Web 信任模型在浏览器产品中物理地嵌入多个根 CA 证书，用户在验证证书时，从被验证的证书开始向上查找，直到找到一个自签名的根证书，即可完成验证过程。Web 模型虽然简单，方便操作，但因为很多个根 CA 证书是预先安装在浏览器中的，用户无法判断所有的 CA 是否都是可信任的，而且当其中某一个根 CA 失去信任时，没有一个有效的机制来废除已嵌入浏览器中的根 CA 证书。

4. 桥信任模型。

这种模型也叫中心辐射式信任模型。它被设计成用来克服分级模型和网状模型的缺点和连接不同的 PKI 体系。桥 CA 不是一个树状结构的 CA，不像网状 CA 直接向用户颁发证书；与根 CA 一样成为一个信任锚，只是一个单独的 CA；与不同的信任域建立对等的信任关系，允许用户保留他们自己的原始信任锚。

当根 CA 数目很多时，可以指定一个 CA 为不同的根 CA 签发证书，这个被指定的 CA 称为桥 CA。当增加一个根 CA 时，只需与桥 CA 进行交叉认证，其他信任域不需改变。这种模型能比较准确地表示现实世界中证书机构的相互关系，证书路径较短且较易发现。但证书路径的发现和确认仍较困难。大型 PKI 目录的互操作性不方便，证书复杂且其相关信息不易获得。

身份认证是整个网络安全体系的基础，是网络安全的第一道关卡，其安全性和方便性都是不可缺少的。本章主要介绍了网络身份认证基础、网络身份认证技术方法（主要包括基于口令的身份认证、基于加密体制的身份认证、基于个人特征的身份认证以及基于零知识证明的身份认证等），同时详细地介绍了公钥基础设施提供的安全服务、体系结构以及信任模型。

第七章　网络文化管理效能

网络文化管理主要是对互联网上传播内容的管理。互联网传播内容的多样性、即时性，不断给我国互联网管理提出新的问题。对国际、国内网络文化管理的现状与地位，我国网络文化管理工作机制、依法管网、行业自律等进行探讨，将有助于提高我国网络文化管理效能，推进与完善我国互联网管理。

第一节　网络文化管理的现状与作用

互联网需要管理，已成为国际社会的共识，特别是近年来，随着互联网事业的快速发展，网络文化也发展迅猛，网络文化管理的地位和作用日益凸显。世界各主要互联网发达国家，对互联网的发展不是听之任之，而是加大了监管的力度。

一、国际互联网文化管理现状与发展趋势

目前，互联网普及程度对国家安全、经济安全、信用安全都产生了巨大的影响。国际上对互联网的管理主要涉及四个方面的内容：一是网络信息安全领域，这是各个国家互联网管理的重点，包括打击网络犯罪，打击恐怖活动、黑客等；二是保护未成年人的权益，包括对色情内容的控制、在网吧等场所对未成年人采取一定的限制措施等；三是互联网的行业监管，包括市场准入、资源管理、服务等；四是弘扬本土文化，保护知识产权。国际上对互联网的管理一般采用立法、技术、行政、行业自律的手段。其中发达国家的立法体系比较完善，而发展中国家往往是多种手段并用。

互联网最早源于美国，并且也是最先在美国等西方国家得以发展壮大的。从技术、道德、市场机制方面进行控制与调节，为互联网的快速发展创造了良好的环境。从法律政策层面看，美国关于互联网的法规，涉及面较为广泛，既有针对互联网的宏观整体规范，也有微观的具体规定，包括行业进入规则、电话通信规则、反欺诈与误传法规等。同时，美国拥有极强的连续性互联网发展计划，从 20 世纪 50 年代就开始制定信息政策，是最早制定国家信息政策的国家。从技术层面看，针对网络上传播内容的多样性，美国采取的技术控制手段主要有分级和过滤。从道德层面来看，主要体

现在两个方面：一是从互联网经营者入手，呼吁遵守互联网行为准则，保障互联网秩序，提倡行业自律；二是从网络使用者入手，呼吁他们培养自我保护意识和安全意识，禁止不良使用行为。从市场机制层面来看，一方面，政府对于互联网市场的基本管制政策倾向于不管制为主，强调利用私有资本进行发展，依靠市场驱动；另一方面，网络经营者在市场规律作用下，根据市场需求，开发迎合网络用户的新技术与新产品。

韩国是世界上互联网最普及的国家之一。韩国政府从 2002 年起推动实施网络实名制，现已通过立法、监督、管理和教育等措施，对网络邮箱、网络论坛、博客乃至网络视频实行实名制，成为全球贯彻实名制最彻底的国家之一，也成为网络安全程度最高的国家之一。2008 年 10 月，韩国女星崔真实因网络谣言自杀事件发生后，韩国政府和执政党积极着手修改关于解决互联网弊端的法律。韩国放送通信委员会表示，为预防以匿名方式产生的网络副作用，计划增加适用"限制性本人确认制"（网络实名制）的网站。这个制度是指在门户网站等进行网上留言时，要通过以身份证确认本人的程序。今后韩国实施网络实名制的范围将可能扩大至日用户数量超过 10 万的所有网站。韩国放送通信委员会还决定在国会上提出《信息通信网法修正案》，内容包括加强网上监控、向运营商征收罚款等。

二、国内互联网文化管理现状与发展趋势

（一）存在的问题

我国互联网的发展，已有十多年的历史，积累了丰富的经验，已由最初对美国模式的刻意模仿，转变为发展中国特色的网络运营模式。我国的互联网管理正逐步走向成熟，但问题也比较突出，主要体现在以下几个方面。

网络文化管理的法律、法规相对滞后。目前我国已经制定的计算机信息网络法律规范还不能满足需要，因而有必要加快网络立法的步伐。虽然有 200 个类似《信息网络传播权保护条例》的规章制度，但这些管理型的部门规章难以应付复杂的、发展迅速的网络违法案件。这些规章对网络违法犯罪基本没有专门界定，立法远远滞后于网络时代。有些问题还不能依据现有法律进行有效的解决。互联网发展管理的法律法规不够健全完善，立法层次不高，部门规章不配套，必然会出现执法无据的问题。

网络管理体制、机制不完善。当前，互联网管理力量略显薄弱和分散，各管理部门之间职责模糊，内容管理和行业管理相脱节，多头管理、重复管理问题突出，表面上形成了"齐抓共管"的局面，但各部门之间仍缺乏协调和配合，造成行政效能的低下和管理资源的浪费。

网络管理方式欠规范。在对互联网等新兴媒体的管理工作中，目前还大量使用行政管制手段，缺少法制管理手段。当前亟待规范行政管理手段，将行政管理手段与法制管理手段有机结合起来，共同促进网络文化建设和管理的健康发展。

技术准备不足。由于互联网的核心技术掌握在西方发达国家手中，使得我们的监管技术不成熟，监管盲区大量存在，严重影响了管理效果。此外，互联网更新换代迅速，新技术、新手段层出不穷，而管理手段却相对滞后，跟不上网络技术的发展，一定程度上制约了网络管理的效率。

互联网从业人员和网民文明素质尚待提高。一些商业网站缺乏社会责任，为满足网民的猎奇心理，刻意搜集一些个人隐私、色情信息等进行发布。对有些网民利用社会事件发布不良信息攻击政府，以及利用电子信箱、各类论坛、公告板、留言簿对他人进行诽谤、恐吓的事情视而不见，导致网上不良信息不断出现。

（二）采取的措施

目前，我国已初步探索出了一套基本的网络管理办法，形成了公安、新闻宣传、信息产业管理等各部门联动的协调机制，有关部门职责的划分已经较为明确。同时，在管理方式上形成了六个结合：内容管理、行业管理和安全相结合；事前审批与事后监管相结合；技术封堵和舆论引导相结合；分级管理和属地管理相结合；政府管理和属地管理相结合；网上监控和网下管理相结合。

我国互联网管理采取的具体措施有：一是制定了30多部法律法规和部门规章；二是加强舆论引导和舆论斗争；三是有序地开展网络治理工作，如整治网吧、打击网络赌博、淫秽色情等；四是建立了两个关防工程，对有害网站和手机短信进行有效封堵，主要是对境外的反动网站进行监控和封堵；五是倡导行业自律，互联网协会发起了各种行业自律活动。

（三）面临的挑战

管理对象的复杂化。管理对象的数量发生了巨变，我国网民数量和互联网基础资源都呈几何级数增长。网站层次、背景和网民成分、素质越来越复杂，管理难度越来越大。

网络文化的多样性。一方面，我国过去的管理按性质划分：文字、图书、音频、视频分门别类进行管理，而现在这些类别已经相互交织，很难界定；另一方面，对音频和视频内容难以识别和过滤的问题越来越明显。

互联网业务的多重性。电信业务里增值业务很明确，而且增值业务是可以对外开放的，而互联网的很多增值业务具有媒体属性，这就造成一个开放的业务提供不开放的另外一种业务的新问题。

媒体管理方式彻底转变。一方面，过去对传统媒体自上而下的管理转变为现在自下而上的管理，而这种转变不能充分适应信息技术的发展和形式的变化；另一方面，我国实行的是属地化管理，但是很多互联网是跨区域经营的，互联网的无界性还需要国际、地区间的协调。

互联网缺乏安全机制。从互联网的核心理念和它最初采用的技术来看，用户的身份识别和认证的缺乏，造成了对互联网用户的追踪和管理难度大。

三、网络文化管理在我国的地位和作用

网络文化管理对网络的健康发展具有重要的保证作用。网络文化管理主要是对网络内容进行管理，而内容是网络存在的灵魂和精神。网络的进一步发展离不开内容，在内容为主的网络时代，没有内容的网络就不叫网络，没有内容的网络就没有发展的前途。网络文化管理是为了促进网络文化的健康、有序发展，只有网络的内容健康了，承载内容的载体才能进一步得到发展。

网络文化管理对促进我国文化事业发展也具有十分重要的意义。网络是无国界的，文化在网络中的传播和流通是迅速的，网络已逐渐成为弘扬祖国先进文化和民族优秀文化的一个重要阵地。网络文化管理是对网络中生产、传播和流通的文化产品的管理，不仅是对网络文化的规范和弘扬起到了举足轻重的作用，而且对传统文化在网络中的推广有着极大的指导、帮助和推动作用。

网络文化管理对广大网民起着重要的引导作用。网络作为媒体，对其受众有着极强的引导作用。网络中所提供的各种信息被网络用户不断地浏览或下载，信息内容深度影响着网民的思想。网民每天都会在网络中浏览各种各样的信息，吸收各种形态的文化。网络文化管理就是要保证人们使用网络的时候不会受到各种不健康和虚假信息的骚扰及有害信息的诱惑和危害。

我国网络文化的快速发展，为传播信息、学习知识、宣传党的理论和方针政策发挥了积极作用，同时，也给我国社会主义文化建设提出了新的课题。能否积极利用和有效管理互联网文化，能否真正使互联网成为传播社会主义先进文化的新途径、公共文化服务的新平台、人们健康精神文化生活的新空间，这关系到中国特色社会主义文化事业和文化产业能否健康发展，关系到国家文化信息的安全和国家的长治久安，关系到中国特色社会主义事业的全局。

第二节　建立网络文化管理工作机制

网络文化管理工作的一个重要环节就是要建立健全相关工作机制，明确责任分工，从而更好地发挥现有管理体系的作用，真正做到统一协调、相互配合、上下联动、各司其职，防止出现"有分工不负责""有责任不落实"的现象。管理工作机制主要包括：日常联系协调机制、舆情分析研判机制、应急处置机制、责任追究机制。

一、日常联系协调机制

良好的网络环境需要各级政府部门和社会各界的共治、共管和共同培育。2006年，中央建立了网络文化建设与管理联席会议制度，总体协调网络文化建设和管理的重要事务。信息产业部等16部门联合制定了《互联网站管理协调工作方案》，该方案进一步明确了各相关管理部门的职责与分工，并在行业主管部门设立协调小组办公室，提出信息资源共享等原则，有效地形成了联合监管合力。各地也参照这些做法尽快建立了相应的协调机制，加强日常联系，及时沟通情况，统一工作步骤，形成管理合力。

目前，山东省对互联网的管理由宣传、通信管理、公安、文化、工商、信息产业管理、教育等部门共同参与，形成了多部门齐抓共管的管理格局。同时，山东省还成立了省互联网协会、省互联网违法和不良信息举报中心等组织，开通了违法和不良信息举报网站。广东省则由通信管理局牵头，与宣传、新闻、文化、出版、公安等省内13个相关部门建立了联动协调机制，并在通信管理局设立协调小组办公室，为各有关部门提供监管支持和服务，形成了良好的沟通协作关系，推动了网络文化建设与管理工作的深入开展。

二、舆情分析研判机制

网络文化管理的一个基础性环节，是在有关制度的激励和保障下，依靠有关人员，采用科学手段和方法，对网络上各种舆情信息进行科学、深刻、全面的分析和判断，并提出对策建议的工作运行方式。其核心在"明"，也需要及时准确把握网上舆论态势，掌握舆情，做到耳聪目明、见微知著。舆情分析机制主要是通过广泛布建舆情信息员队伍，抓好汇集、研判、处置三个关键环节，建立完善社情民意综合分析、不和谐因素研判、阶段性稳定形势预测、突出隐患动态监控、重要信息即时报送等五项制度，对矛盾抓早、抓小、抓苗头，牢牢把握主动权。

舆情分析机制分为初步判别、深入分析、综合研判、报告写作四个部分。初步判别主要由舆情信息工作人员对刚接触到的舆情信息进行最初鉴别、判断和选择，并决定下一步如何处置；深入分析主要围绕舆情信息的真实性、所属类型、总体态势、具体细节、价值时效等进行更为深入、专业的分析梳理；综合研判是指舆情信息工作人员在充分汲取专家意见的基础上做出综合判断，用最精当准确的语言，高度精练地概括并报送舆情信息，直接供科学决策之用；报告写作就是将对具体舆情信息的深入分析和综合研判的思维成果，用精练易读的文字形式表述出来。

舆情分析研判机制的顺利运行必须满足如下要求：一是完善的规章制度。内部制度建设是其重要内容。内部制度建设可以从强化工作流程、明确分析要点、细化分析方法三方面着手。二是强化相互协同。建立舆情分析各方面的相互协作，要求做到确立调度中枢和构建相关联系网络两点。三是构建操作平台。如舆情分析联席会议制度、日常的舆情信息沟通机制等。

三、应急处置机制

随着网络的普及，互联网已经成为掌握群众舆论动态，了解民意的重要载体。建立网络突发事件快速反应机制，确保重大突发事件发生后在最短时间内做出及时反应，对于我国互联网建设和发展具有十分重要的意义。

网络舆情的应急处置机制，指政府管理部门及其他相关职能机构，对网络舆情尤其是突发性负面舆情的监测预警与控制，从而实现有效化解网络舆论危机的目的，包括监测、预警、应对三个环节。

突发事件的内部关系复杂，发展趋势难以预测，相关信息纷繁复杂，给管理机构的信息判断和决策增加了难度。另外，由于事件中的矛盾双方处于对立状态，影响或阻碍了原有信息沟通渠道的正常功能，从而给"小道消息"提供了填补信息真空的机会。此类事件突发性强、社会影响大、给决策者思考的时间短，在突发事件出现时，完善的舆情监测机制、及时有效的舆情信息汇集和分析，全面掌握与该事件密切相关的各种信息极其重要。

网络舆情预警是指从危机事件的征兆出现到危机开始造成可感知的损失这段时间内，化解和应对危机所采取的必要、有效行动。流程主要包括制定危机预警方案、密切关注事态发展、及时传递和沟通信息三个环节。危机预警能力的高低，主要体现在能否从每天海量的网络言论中敏锐地发现潜在危机的苗头，以及准确判断这种发现与危机可能爆发之间的时间差。这个时间差越大，相关职能部门越有充裕的时间来准备，可以为下一阶段危机的有效应对赢得宝贵的时间。

完善有效的网络舆情应对，必须依托强大的组织保证和物质、技术支持；一套较为成熟的网络舆情日常监测制度；短时间内调动和整合各种力量，形成稳定、顺畅、高效的沟通渠道；坚持从"网上来"到"网上去"，建立网上新闻发言人制度，适时组织网上信息发布，满足人们对公共信息的需求，最大限度地压缩小道消息、政治谣言和攻击性言论在网上的传播空间；系统有效的事后评估，评估包括危机情况、采取措施、对下一阶段走向的研判、对前一阶段应对的总结、反思与建议等。西方危机管理中政府对危机的处理和巧妙利用媒体能力的做法值得我们借鉴。第一，危机发生后，政府要有快速有效的协调处置能力；第二，政府要及时利用媒体化解公众的对立、恐惧心理；第三，政府要有对社会公众及时动员的能力；第四，政府要注意危机传播处理方式对公众的影响力。

在互联网管理中，应坚持谁主管谁负责、谁运营谁负责、谁审批谁负责、谁办网谁负责的原则。

根据中央有关文件规定，宣传部门负责对网络文化建设和管理的宏观指导。对外宣传部门负责指导、协调、督促网络文化行业主管部门、互联网行业主管部门和监管部门，加强对网络文化信息服务的管理，做好网上意识形态重大情况的处理，开展网上舆论引导。中央对外宣传部门指导各省、自治区、直辖市落实对网络文化工作的属地化管理。国家网络与信息安全协调机构负责网络文化信息安全的宏观指导和总体协调，在省、市两级设立网络与信息安全协调机构，把网络文化信息安全纳入信息安全的重要议事内容。国家信息产业部和各省通信管理部门既是互联网的行业主管部门，也与其他行政管理部门一起共同担负着网络文化建设和管理的职责。作为负责基础电信运营业和互联网信息服务业市场准入的行业主管部门，对网络文化建设与管理负有相关责任。文化、广电、新闻出版、教育、卫生等部门主管本领域网络文化的建设和管理，负责本行业市场准入、退出的审批和管理，引导和约束网络运营机构依法运营。根据网络文化行政主管部门许可，严格对网络文化服务机构的域名和IP地址加强管理。公安机关负责互联网安全监管、监督、检查网络运营、服务机构落实互联网安全管理制度和安全保护技术措施。国家安全、保密和工商、税务等部门分别负责网络信息内容安全监管和对登记机构的基础管理工作。地方各级党委和政府对地方网络文化建设和管理负有领导责任，负责对信息产业发展与网络文化发展的统筹协调，掌握网络文化建设和管理的重大事项决策权、资产配置控制权、宣传文化业务审核权和国有网络文化企事业单位主要领导干部的任免权。

基础网络运营商作为网络资源的占有者和网络运营的主体，随着向综合信息服务战略转型的加快，应当不断强化社会责任感。目前，我国的法律、法规虽未明确网络运营商应对信息内容的传送承担相应的法律责任，但从我国的政治制度、法治精神、监管政策和思想道德文化要求看，净化网络环境，营造良好的网络空间，也是企业应尽的职责。网络运营商完全有责任、有能力通过技术措施对非法和不良信息内容进行监测和过滤，为培育良好的社会风气和网络环境做出应有的贡献。互联网信息服务单位是信息内容的主要生产商和信息传播的主体，互联网站面向全球公众，应当受到法律和公共道德等的约束，对信息的生产和传播负有直接的法律责任。

政府相关职能部门行使"把关人"职责，对新闻网站登载的新闻内容实行层层把关，层层负责，堵塞漏洞。同时成立举报中心，依靠社会力量，对违规登载新闻和不良信息的网站进行监督，共同抵制有害信息。网络媒体则遵从新闻宣传的基本属性，承担媒体的责任义务，自觉遵守国家的法律法规和社会道德规范。

第三节　坚持对网络文化依法管理

随着我国社会主义法治国家建设步伐的加快，对依法管网、依法行政提出了更高要求。互联网管理逐步走向法治化、规范化轨道。只有依法管理，才能做到科学管理、有效管理。

一、依法管理目前存在的主要问题

执法无据和执法不严是互联网依法管理目前存在的两个主要问题。一方面，法规不健全，立法层次不高，部门规章不配套，实际工作中经常碰到执法无据的困境。迫切需要加快互联网管理立法工作进程，尤其需要组织有关方面力量，抓紧制定最急需、最迫切的法律、法规，加强对现有法律、法规适用互联网管理的延伸和司法解释工作。如现行《刑法》是1997年施行的，当时互联网还没有发展起来，后来的修正案中也没有涉及网络犯罪的内容。另一方面，已有的法律、法规没有得到很好的贯彻执行，一些明显的违法违规行为没有得到及时有效的制止和查处。真正做到有法必依、执法必严、违法必究，必须采取有效措施，加大执法力度、壮大执法队伍、落实执法责任，健全执法体系、加强综合执法。

另外，网络内容的部门执法体制与互联网行业主管体制之间的冲突也在一定程度上造成了网络管理混乱。管理技术的互联网行业主管部门是否配合，成了网络执法能否发挥效力的关键因素，这与传统执法十分不同，也是网络执法受到的关键性体制制约。目前，许多网络执法部门已经着手在本部门执法体制内进行各种有效探索。然而，最根本的还是要求互联网行业主管部门与内容执法部门统一合作，实现对网络内容的有效监管。

二、依法管理与其他管理手段相结合

法制的完善需要有一个过程，而且法律、法规不可能解决所有问题。把依法管理和其他管理手段结合起来，善于运用行政、经济、法律、技术、思想政治工作、行业自律等多种手段进行管理，坚持综合管理，讲究策略方法，管理才能出实效。

作为互联网的源起国，美国政府在对互联网的建设和管理上，已经积累了一套较为完整的体系，并一直扮演着推动者的角色。既不大包大揽，也不置之不理，而是以立法为基础，从技术、道德、市场机制方面进行控制与调节，为互联网的快速发展创造了良好的环境。在技术方面，美国利用分级和过滤技术对有害信息进行控制，并针对网络安全进行技术维护。美国总统信息技术咨询委员会（PITAC）通过对与网络安全相关的30多份科研报告进行分析，提出10个亟须优先开发的技术领域，分别是：认证技术、安全基础协议、安全软件工程和软件安全保障、整体系统安全、监控和检测、缓解和恢复技术、网络取证、对新技术和产品的建模和测试、机制、基准和有效方法。在道德方面，美国政府通过网络业界和网民的道德自律实现对互联网的调节。许多自律团体、组织、联盟纷纷通过各种方式直接或间接地协助政府管理，配合政府，共同促进互联网络的发展，网络行业的自律在美国网络管理中发挥了主导作用。在市场方面，以美国联邦通信委员会等管理机构为代表，在对互联网的管理上，以新自由主义、后凯恩斯主义为指导，按照市场供需规律，强调利用私有资本进行发展，依靠市场驱动。

我国各地也做了不少有益探索，如北京的"网络信息公众评议"制度、上海的"分类分层定位管理"等，都在实践中取得了很好的效果。北京的"网络信息公众评议"制度是由商业网站代表、互联网专家、网民代表，以及政府管理部门代表等社会各界人士组成的北京网络新闻信息评议会召开评议会议，针对社会公众反映强烈的网站视听节目传播中存在的大量不文明、不健康信息现象展开评议，对传播不良信息的相关网站提出警告，要求清除相关不良信息，同时呼吁社会公众及网络同人共同抵制，加强监督。评议会形成公报向社会公开发布。

三、利用新技术为依法管理提供保障

网络是技术与文化的结合，网络文化是一种技术文化。技术的发展既有可能给网络文化发展带来某种威胁，也可以运用网络技术降低威胁。技术在防范网络文化的偏向问题上发挥着不可替代的作用，技术突破可以提高网络文化管理水平，新技术还可以拓宽网络文化发展空间。而我国在网络技术上还比较落后，跟不上发展的需求。据统计，我国目前95%的计算机用户操作平台是采用美国微软的窗口系统，使用的大部分芯片也从美国生产。我国的信息安全完全没有保障，网络文化的发展依赖的是外国的技术和系统。以创新的精神加强网络文化的建设和管理。只有研发出自己的品牌，才能真正将技术优势转换成国家的软实力，我国的信息安全才有足够的保障。

利用技术手段实现依法、科学、有效管理，印度和德国的经验值得我们借鉴。印度从主要技术出发采取了一系列网络管理措施。印度警方从1999年开始与电脑专家合作，一起调查侦破涉及网络犯罪的案件。2000年6月，印度政府颁布了《信息技术法》，该法涉及刑事、行政管理、电子商务等内容。此外，印度已有的《刑法典》《证据法》《金融法》的相关内容也被修改，以适应信息技术的发展。印度警方还成立了网络警察局和电脑犯罪分析实验室。其中，实验室是对利用电脑实施的各种犯罪进行分析。德国联邦内政部认为，警方若要跟上技术飞速发展的步伐，具备应对各种形式网上犯罪行为的能力，必须调动法律、行政和组织机构等各方面力量，形成一套打击高技术犯罪的有效机制。德国对信息技术安全问题也高度重视。联邦内政部下属的信息技术安全局有近400名信息专家、物理学家、数学家以及其他专业人员，专门应对计算机安全问题，负责发布和调查信息技术应用中出现的安全风险，并尝试寻找解决方法。该部门在保证联邦政府电子政务等系统安全运行的同时，也负责向公众随时发布病毒警告，向社会提供技术支持和服务。

用技术手段对网络文化进行管理，一方面，必须进一步加强对信息技术产品的监控与管理；另一方面，必须加强网络安全体系建设，通过研制和开发先进的防范病毒传播和破坏计算机系统的软件技术，对网上内容进行鉴别，将危害国家安全、破坏社会稳定以及淫秽色情等有害信息的网站予以过滤、屏蔽。

充分利用新技术，第一，必须紧跟世界文化科技发展潮流，加强数字技术、数字内容等核心技术的研发和应用，掌握自主知识产权，提高文化装备制造技术水平。第二，要加大重点领域的技术攻关和研究开发力度，着力构筑政治、经济、文化等领域的过滤网站，抵御破坏性信息侵袭的同时保证网络文化的优秀成果能更快地传输到各个相关领域。第三，加快建设中文域名服务器，开发集思想性、知识性、教育性、艺术性、娱乐性和易操作性于一体的宣传教育软件，占领网络文化前沿阵地，改进传播民族优秀文化的手段。第四，大力发展互联网接入基础设施，在继续推进东部和城市地区建设的同时，以西部地区和农村地区为重点，以卫星网、移动网、电视网等宽带业务为方向，通过多元化投资打破垄断，不断降低上网费用，提高上网速度。第五，积极开展与各国政府及相关国际组织在互联网技术、标准规范、资源分配、网络接入、互联网治理等方面的交流与合作，建立有效的沟通协商机制，促进互联网快速健康发展。

第四节　解决网络文化管理问题的主要对策

网络文化管理既要统筹兼顾，也要突出重点。解决好网络文化管理中的重点和难点问题，对提高网络文化管理效能至关重要。

一、加强网站及互动栏目的管理

对网站的管理，一方面是网站创办时的审批、登记管理，即准入管理；另一方面是网站日常运作时的监管。网站创办登记制度是我国政府实现网络宏观调控与微观管理的有效手段。根据我国网络管理部门对网络进行分类管理的要求，网站创办分为非经营性网站的创办、经营性网站的创办，网吧作为一种特殊的网络经营形式，同样实行审批许可制。根据国务院2000年发布的《互联网信息服务管理办法》第四条的规定，非经营性网络信息服务实行备案登记制度，没有履行备案手续的不得从事互联网信息服务，即非经营性网络服务实行登记管理，经营性互联网服务则实行审批许可制度，即审批管理。对网站日常运作的监管主要涉及传播内容和传播形式两个方面：一是传播内容是否合法，是否符合道德要求；二是传播形式是否符合网络管理部门的秩序要求。目前国家可以直接或者间接管理网站的部门多达20余个,其中主要有: 信息产业部、国务院新闻办、新闻出版总署、国家广播电影电视总局、文化部、公安部网络管理处、中宣部等。

新闻跟帖、论坛、博客、贴吧等互动栏目和手机短信、及时通信等，社会组织动员功能强大，许多已经成为网上热点敏感话题的发源地、突发事件信息的扩散地、有害信息的传播地。各类网站首先应主动加强管理，严格落实内部稿件审发制度、论坛管理员岗位责任制度等，切实把好网上信息传播的关键环节。政府相关职能部门应加强地区之间、部门之间的密切配合，建立网上有害信息查处联动机制，及时删除封堵有害信息，防止有害信息的蔓延。

二、规范互联网新业务审批

实践证明,对互联网新技术新业务的规范和管理越早,工作越主动,对发展越有利。近两年，搜索聚合、博客播客、手机报纸、网络视听等新形态已初具规模、渐成气候。落实有关新业务的许可审批工作，应该坚持鼓励发展和规范管理并重、积极扶持和防范风险并举的原则。

一方面，严把准入关，完善准入制度。从不同的角度把好网络准入关十分重要。第一，是企业准入。对从事网络出版、网页建立的申请，必须经过前期审批。第二，是市场准入。企业办起来不等于所有的产品都能进入市场，产品也有市场准入，要符合国家有关规定。第三，是职业准入。研究网络编辑记者准入条件，制定上岗要求。第四，是岗位准入。互联网出版及网页管理的重要岗位都应有相应资质要求，对责任编辑、值班编辑、网络版主等严格管理，符合相应资质才能上岗。

另一方面，严格审批，控制发布新闻登载资质。按照国家政策法规，对从事登载新闻业务的网站，一律实行许可证制度，严格控制新闻登载资质的审批，确保新闻发布的正常进行。认真执行年检制度，明确资质标准，严格年度考核验收，对年检不合格的网站限期整改，问题严重的取消经营资格，吊销营业执照。

三、抓好基础性管理工作

我国基础性管理工作总体上还比较薄弱，已经成为许多管理措施难以落实的重要原因。加强网络基础性管理：第一，需加快完善全国统一的网站登记备案数据库，提高备案信息真实性，规范网站名称，严禁个人和非国家单位网站使用具有显著政治特性、涉及公共利益的名称。第二，应积极稳妥推进网络实名制，推动落实网站主办者、版主、主持人等的实名登记，研究推广博客实名注册。第三，完善市场准入和退出制度，加快建立违法违规记录制度，对严重违法违规者实行行业禁入。第四，不断创新管理办法，抓紧建立网站绩效考核评价标准，进一步完善网上阅评机制，对违法违规网站进行处罚，直到吊销经营许可。

四、严厉打击网上淫秽色情违法犯罪

由于技术和管理等多方面的复杂原因，网络淫秽色情等有害信息屡打不死、屡禁不绝。近年来，网络淫秽色情案件出现了新动向，有的违法分子把淫秽色情网站服务器转移到了境外，有的不断变化网址，有的白天关闭夜间开放，有的跨地区团伙作案。据了解，62%是举报境外中文淫秽色情网站的；淫秽色情网站登载的淫秽色情电影、图片大部分也来自境外。

由于互联网本身的特点，打击网络淫秽色情违法犯罪、抵制传播淫秽色情不良信息是一个长期的过程，因此需要建立一种长效机制，将专项行动工作机制转化为长效机制，并使长效机制形成全国上下的联动，在全国范围内建立跨地区协同管理机制，及时沟通情况，齐抓共管，提升查处的效率。此外，搜索引擎服务商应主动采取措施，封堵过滤淫秽色情有害信息；金融部门应加强监管，斩断网上淫秽色情信息传播的"黑色资金链"。

　　国务院新闻办公室协同有关部门深入持久地开展文明办网、文明上网活动；积极推动互联网行业自律，提高从业人员的守法意识；鼓励公众举报网上淫秽色情信息，落实举报奖励制度；建设和管理并举，鼓励重点新闻网站创作出形式多样、健康向上、为广大青少年喜闻乐见的文化产品。

第五节　形成社会化网络文化管理格局

　　网络文化管理，是一项内容复杂、任务繁重、要求严格的系统工程，单靠相关职能部门的管理远远不够，必须发动全社会力量齐抓共管，形成全方位的网络文化管理格局才能取得预期的成效。

一、强化行业组织职能

　　目前，我国在强化行业组织管理方面，一个主要途径是充分发挥中国互联网协会的作用。中国互联网协会，成立于2001年5月25日，是一个非营利的全国性社团组织，主管单位是信息产业部。该协会的成立是由国内从事互联网行业的网络运营商、服务提供商、设备制造商、系统集成商以及科研、教育机构等70多家互联网从业者共同发起。就整体而言，互联网行业协会作为互联网行业一个重要的管理和协调机构，其主要作用之一是实现行业自律。实现互联网行业自律，推进网络文化健康发展，行业组织成员有义务做到自觉维护主流思想、自觉传播先进文化、自觉抵制低俗之风、自觉维护公平正义，共同构筑网络诚信。

　　协会《公约》，即《中国互联网行业自律公约》涉及了互联网行业的所有领域和相关内容，具有较强的价值导向性，成为网络道德建设的指导性规范。然而，就具体操作而言，道德规范的约束力毕竟有限，其最终作用的有效发挥还有待于其他相关管理手段的协同作用。其中，网络文化信息服务企业信誉公示制度的研究建立，将会对基础运营商、接入服务商、内容提供商履行社会责任、文明办网情况进行测评并向社会公示，引导他们自律守法、依法经营。

二、发挥广大公众的监督作用

　　网络传播提升公众舆论监督的主体地位，公众监督成为促进网络文明建设的重要力量。网络媒介为公众构建了公共话语空间，使他们的真实意见得以广泛的表达，以网络的巨大凝聚力促使热舆论引发强舆论，从而推动了政府、企业、个人之间各种行为的更加透明合理，公众舆论监督的主体地位通过网络媒介得到了提高。但是公众监督也存在消极的一面，"人肉搜索"现象以及一些网络上的"冤假错案"的出现说明了公众监督必须置于正确的引导之下。

充分发挥广大公众的监督作用，首先，从网民素质抓起，广泛开展网络法制和道德教育，引导网民深刻认识网络文明与社会文明、网络和谐与社会和谐的内在联系，推动网络诚信体系建设，培养诚信观念和规则意识，教育网民正确认识网上行为应承担的法律责任、道德责任、社会责任，养成科学、文明、健康的上网习惯，自觉抵制有害信息和低俗之风，共同营造绿色和谐的网络环境。其次，互联网违法和不良信息举报中心应及时受理各类公众举报，及时向执法机关反馈，落实举报奖励制度，为净化网络环境发挥更大作用。各个网络媒体也应建立健全相应的举报受理制度，及时处理群众举报，及时向举报人反馈举报处理情况，切实增强网络媒体的公信力。

三、开展文明办网、文明上网活动

依法办网、文明办网，不仅是广大群众对网络媒体的殷切期望，也是网络媒体自身发展的根本保证。如果网站罔顾法规制约，不顾社会道德，靠违法违规或"打擦边球"行为来牟取利益，必将自毁声誉，自断生路，付出沉重的代价。网络媒体必须正确处理好社会效益与经济效益的关系，始终把社会效益放在首位，自觉做到不发布危害国家安全、危害社会稳定、违反法律法规、违背社会公德的有害信息；不为淫秽色情、诈骗、赌博、暴力等有害信息提供传播渠道；不发送垃圾短信、垃圾邮件、庸俗广告；不运行违法游戏，不提供危害信息安全的网络工具；不传播谣言和虚假信息。

开展文明办网、文明上网活动，应坚持政府监督、行业监督和社会监督相结合，督促网站规范办网，加强自我约束，落实社会责任。中国互联网协会、互联网新闻信息服务工作委员会等行业组织，应充分发挥加强自律和依法监督的作用，积极组织业界学习有关法律法规，提高从业人员遵纪守法意识。进一步完善自律规范体系，不断扩大行业自律的参与面，把各类网站都纳入互联网行业自律体系中。引导网站开展职业道德教育，推动网站加强内部制度建设，完善信息安全责任制度、群众举报受理制度等，把网络文明建设的要求落到实处。

第八章　健全网络文化建设和管理保障机制

大力发展中国特色网络文化，充分发挥网络文化在我国社会主义文化建设中的重要作用，建立健全网络文化保障机制尤为重要。不但各级党委政府要高度重视，而且党政各部门、社会各方面也要积极参与，特别是网络文化行业主管部门、互联网行业主管部门和互联网监管部门更应当认清肩负的职责，共同为繁荣发展网络文化创造良好条件、提供有力保障。

第一节　机构保障

加强网络文化组织领导和机构建设，是确保网络文化健康发展的基本保证。

一、健全机构编制

网络文化建设和管理，涉及面广、专业性强、任务繁重，必须建立健全相应的工作机构，以加强协调、科学统筹。可以说，建立健全统一、高效的工作机构和领导体制，是工作稳定开展、顺利运作的重要保障。相对于网络文化的发展，我国目前网络文化建设和管理机构还比较薄弱，机构不健全、编制不到位的问题十分突出。要实现网络文化建设和管理工作顺利开展，保证机构编制的落实显得尤为重要。

在机构设置上，既需要政府部门高度重视，相关领导分管负责，又需要加快体制机制创新，并不断探索保障导向正确、富有发展活力的新型管理模式。理顺管理体制、健全管理机制，形成管理合力，实现政府间宣传、新闻、文化、出版、公安部门、各省通信管理局、运营商、主要移动增值业务服务提供商之间的联动机制。按照当前网络文化建设和管理的形势任务和相关规定的要求，设立相应的机构，落实人员编制，保证机构完善，人员众多，建立起统一指挥、协调有力、运转畅通的领导体制和工作机制。

二、加强组织领导

首先需要各级网络文化部门的领导提高对网络文化建设重要性的认识。增强政治意识、大局意识，从全局的战略高度，充分认识新时期网络文化工作在改进创新宣传工作、提高党的执政能力、构建社会主义和谐社会中的重要地位、作用和意义。充分认清新形势下互联网在体察民情、反映民意、加强党的建设、增进党群关系、化解社会矛盾的地位和作用。

各级、各部门的领导要牢固树立网络文化工作的观念，把网络文化工作列入重要议事日程，纳入工作总体部署。要准确把握和判断国内外形势，经常研究和分析网络文化发展的新动向，善于利用网络文化推动工作开展，使我们的工作更加切合实际、更加充分体现人民群众的意愿，为人民群众带来更多实实在在的利益。

做好网络文化建设和管理工作，最重要的一点是要注重不断提高组织领导能力，站在世界科技、文化发展的前沿，以时代的眼光、创新的思维、改革的精神看待网络文化建设，更新思想观念，转变工作方式，学习和掌握网络的基本知识和技能，把握网络发展的规律和特点，不断提高运用和控制网络的能力，牢牢掌握网络发展和网络文化建设的主导权。

在增强领导效能上，严格落实分级管理的责任制，做到分工科学、职责明确。对出现的问题及时发现，全面分析，正确处理，依据法规科学合理地运用管理技巧，发挥管理单位和主管部门的作用，全面落实分级管理职能，按照"谁主管谁负责，谁审批谁负责"的原则和规定要求，履行好各自职责。

同时，要做好对网络文化工作的组织协调。网络文化工作作为一项复杂的社会系统工程，涉及各个领域，关系各个方面，需要调动各种力量共同努力。各级党委宣传部门作为网络文化建设的第一责任部门，要引导和组织宣传战线各领域、社会各方面积极参与网络文化宣传工作。宣传战线各部门各单位都是网络文化建设的责任部门。要把网络文化发展作为自己义不容辞的分内职责，作为一项经常性工作，按照各级党委宣传部的部署，抓好与各自业务相关的网络文化分析与研究工作。各级党委宣传部门要加强与其他党政部门、群众组织、社会团体有关部门的联系，促使他们把网络文化工作纳入各自工作范围，密切配合、各展所长，充分发挥好社会各方面的作用。

第二节　政策保障

网络文化的发展日新月异，制约网络文化发展的新情况、新问题不断涌现，因此要保证我国网络文化建设和管理健康发展，离不开国家的政策扶持。

一、完善政策机制

在我国现有法律政策的基础上，紧密结合互联网的技术特点和发展实际，积极借鉴外国经验，及时调整政策和思路，及时对现有法规和政策做出调整和补充完善。对网络内容实行分类监管，做到网络分类、内容分类以及责任分类，建立并完善网络安全监督机制，建立完备的互联网信息服务许可、备案制度和信息发布制度，建立完备的互联网信息审批制度，严格监管互联网传播禁载内容。加快立法进程，提高立法质量，注重立法的完整性，将移动互联网、网络信息安全、网络文化管理、青少年保护、用户隐私保护、欺诈与犯罪行为防范等重点领域的立法工作纳入和补充到国家整个法治建设的框架中。营造一个公平、健康、法治的网络环境，尽快改变执法部门在执法过程中存在的无法可依或者法律依据不足的问题。

根据网络文化建设和管理需要，研究制定有利于网络文化发展的财政、税收、融资、人才等配套政策，重点扶持公益性网络文化建设、发展网络文化产业、支持信息安全关键技术的研发与应用，对网络文化企业产品出口给予补贴，扶持保护网络民族文化品牌。借鉴商业网站的发展经验，研究互联网发展的通行办法，制定和完善适应我国网络文化发展的融资政策，鼓励国有资本投资，吸引社会资金投入，规范风险资金进入，推动有条件的重点网站上市融资，不断拓宽融资渠道，并把网络文化产业纳入高新技术产业优惠政策体系之中。

建立网络行为监督机制，完善对网络行为的监督系统，发挥专业技术人员的作用，利用计算机监控、软件隔离等技术手段排除互联网上的不良信息，限制查阅互联网上不健康的内容。同时，还要对网民的网上行为加强监督和检查。探索实行网民上网实名制，要求网民以自己的真实姓名和身份证件登记入网，或利用网络服务器对访问者的地址、访问时间和操作行为进行记录。建立网上法律、法规教育体系，加强对网民网络有关法规的学习教育，经常开展网上法律法规知识竞赛、有奖问答等活动，针对网民年龄特点，高校甚至中学都应该把网络法律、法规的学习纳入教学中。通过不同形式的网络法制教育，树立和增强网民的知法、守法意识，调整、控制、矫正网民在网上的行为。

二、抓好政策落实

我国针对网络文化建设与管理已经出台了30多部法律、法规和部门规章，初步摸索出了一整套有效的办法，形成了比较合理的网络文化建设与管理新格局。但是有的政策、法规没有得到很好的落实，很多问题不能得到及时有效的解决。因此，抓好政策和法规的落实对网络文化建设与管理至关重要。

当前，应该严格执行实践证明行之有效的优惠政策，落实扶持重点新闻网站采用新技术、发展新业务的有关规定，在技术平台建设和宽带租用等方面给予优惠，在手机报、手机电视、网络视听业务等经营牌照发放上予以优先；严格执行《互联网文化管理暂行规定》《关于进一步加强互联网管理工作的意见》等，及时发现和解决好网络文化建设和管理中存在的问题。

在提高政策落实的质量上，需要严格落实责任追究制度。首先，克服思想认识上不重视，对责任追究制度的理解缺乏深度和贯彻执行责任追究制度缺少自觉性的问题。其次，对因在制度落实上出现问题给网络文化建设造成危害的网站、管理部门、从业人员，要依据相关法规严格进行处理。让制度、法规真正起到教育与惩戒的作用。

第三节　人才队伍保障

网络文化处于现代信息技术的最前沿，位于思想交锋和舆论斗争的第一线，需要建立一支与市场相适应、与品牌相适应、与我们的经济规模相适应的政治素质高、业务能力强的网络文化队伍。形成与网络文化建设和管理相适应的管理队伍、舆论引导队伍、技术研发队伍，培养一支专业技术素质过硬的干部队伍。

（一）网络技术人才短缺

网络技术人才、网络管理人才等的短缺已成为制约我国信息化发展的主要"瓶颈"之一，无论是企业网络构建管理，还是网站的开发运营，都需要大量的实用型网络人才来实现。所以高层次的网络管理员、网络架构工程师、网络开发运营工程师、企业信息管理师等相关人才需求尤为迫切，成为职场上抢手的"香饽饽"。同时，由于网络技术的运用，企业对网络人员的需求大大增加，网络安全、维护、网络技术支持人才缺口很大。

权威部门调查数据显示，软件工程师、高级软件工程师、技术支持工程师等几大职位成为近年来 IT 企业的重点招聘对象，其中软件工程师需求量更是居高不下。据专业人士称，软件测试人才，尤其是软件测试工程师缺口与日俱增。有调查数据显示，目前国内 120 万软件从业人员中，真正能担当软件测试职位的不超过 5 万人，软件测试人才缺口高达 20 万人。在许多软件企业，测试人员和开发人员之比平均在 1∶8 左右。许多软件企业因为招不到足够多的测试人才而不得不使项目延期。

研究数据显示，未来国内 5G 人才缺口预计将由高技术的软件、网络人才替代，有关人士认为这一数字其实是全面涵盖了从研发到应用的各种 5G 人才，实际上国内真正的 5G 研发人才很多是由软件、网络人才在执行运作。数字娱乐软件学院有关人士分析，现在最需要的是工作经验丰富的工程师，以及拥有综合素质的软件、网络技术人员——既懂互联网又掌握电信技术的人员，也就是现在所说的嵌入式人才。

同时，各种黑客对网络的攻击呼唤安全专家"保驾护航"。近年来，利用计算机网络进行的各类违法行为在国内呈上升趋势。黑客攻击方法已超过计算机病毒的种类，总数达近千种。我国电子信息网络建设仍处于初级阶段，网络安全系统脆弱，给黑客留下了可乘之机，而"监守自盗"式的内部攻击对网络安全构成了更大的威胁。在美国，仅华盛顿就有 3 支电脑犯罪侦查队，中央情报局专门将 1000 名员工调到一个专门负责研究遏制电脑犯罪的信息技术中心。而我国组建自己的网络安全队伍的时间不长，技术力量亟须提高。

（二）建立从业人员准入机制

当前，互联网的信息安全问题凸显，对我国网络文化建设提出了挑战。因此，互联网发展的新形势对互联网信息服务从业人员的素质提出了更高的要求。据不完全统计，我国目前从事网络信息服务行业的人员都比较年轻，从业者中 23~28 岁的年轻人占85% 以上，普遍存在人员年轻、工作经验不足、专业不对口的问题。建立完善互联网信息服务从业人员准入机制，实施专业认证，正是从培养选拔优秀人才入手，提高相关从业人员的思想和专业素质，从而为规范网络文化内容、净化网络文化环境打下基础。

互联网信息服务从业人员范围广泛、人员编配复杂，重点要建立完善网站从业人员资格认证和准入制度，网站新闻、时政论坛和手机短信负责人年度考评制度，网上编辑人员执证上岗制度，网络文化管理人员资格认证制度等，并逐步纳入劳动人事部门专业技术岗位管理范畴。从事网络新闻采编的网站编辑、主持人，必须获得有关部门颁发的新闻从业人员资格证书。建立培训轮训制度，抓好网络文化从业人员上岗培训和岗位人员的业务培训，组织他们学习党的理论和路线方针政策，学习宣传文化工作业务和相关法律知识，不断提高整体素质。

（三）培养引进网络文化专业人才

面对当前人才队伍短缺的现状，现在非常需要一支与网络文化建设和管理相适应的管理队伍、舆论引导队伍、技术研发队伍，需要一批政治素质高、业务能力强的网络文化建设和管理干部。尽快培养造就一批网上名编辑、名版主、名主持人和网络舆论引导人员，一批掌握市场规则、富有竞争意识的经营管理人才，一批立足信息技术前沿、具备较强研发能力的专业技术人才，一批熟悉政策法规、了解互联网管理通行做法的监管执法人才。同时，积极引进在国内外文化产业运作方面有经验、有水平的高端人才，投身到我国网络文化建设中。

网络文化队伍既包括网络文化产业的从业者，也包括网络文化的管理队伍，这两支队伍的建设同等重要。

网络文化产业属于新生事物，是文化产业中新的方面，所以从人才方面来讲，应该说还是比较短缺的。同时网络从业者的培养也应提上日程，重点要培育网络文化创意、网络技术研发人才。支持有条件的高等院校设立相关学科、专业和研究方向，培养网络文化创意、技术、管理、营销等专业人才，鼓励优秀人才投身网络文化建设。近年来，网络游戏、动漫方面人才的培养发展得很快，尽管现在有近百所院校有相应的专业，名称虽然不一样，但是培养方向是一致的，他们的发展虽然都比较快，但培养结构是否合理，培养的规格、质量是否能够满足网络文化产业的发展，这还需要一个验证的过程。

对于网络文化管理队伍建设来讲，因为网络本身的一些特点，再加上网络文化法律、法规建设滞后，给网络的管理问题带来了一定的难度。而且，对网络文化管理队伍的要求非常高，管理队伍跟网络文化产业的从业者一样，在这之前很少有相应的专业，所以现有的管理队伍人员素质还有待进一步提高。另外，网络文化管理队伍的建设，也包括对网络法律、法规的研究人才的建设，要能够使我们网络的相关法律法规及时跟上，逐渐培养一支懂政策、懂工作方法且富有战斗力的队伍。在网络文化管理队伍建设方面，还要特别注意引进各个领域的一些专家、学者，通过灵活多样的形式，充分发挥专家、学者在网络文化建设方面的作用。

（四）优化人才成长环境

优化人才成长环境，重点在于优化人才成长的体制机制，从政策、环境、资金等方面，为网络文化产业人才创业发展提供良好条件。政府部门应积极支持有条件的高等院校设立相关学科、专业，建立符合网络文化发展需要的人才储备库，源源不断地为网络文化建设和管理部门输送优秀人才。

加快网络文化队伍建设一个很重要的方面，就是要建立网络文化队伍行之有效的培训体系。

首先，明确建立网络文化队伍培训体系的原则。建立的网络文化队伍培训体系要着眼于我国网络文化的快速发展，着眼于国家文化信息安全和国家的长治久安，着眼于中国特色社会主义事业的全局。只有这样，才能建立出符合持续发展的高效培训体系。

其次，建立的网络文化队伍培训体系要着眼于网络文化发展的核心需求。网络文化队伍培训体系不是临时工程，而是要深入挖掘网络文化发展的核心需求，预测对于从业者、管理队伍人力资本的需求，将现有人力资本改造，加以培训，提前为网络文化发展需求做好人才的培养和储备。

再次，建立有效的网络文化队伍培训体系。注重对网络文化队伍培训需求的分析与评估。拟定培训计划，确定培训需求。从管理队伍、舆论引导队伍、技术研发队伍的需求量、网络文化规模发展的需求量等多个方面对培训需求进行预测。培训需求反映了从业者和管理者对培训的期望，但是要将这些需求转化为计划，还需要对需求进行评估，评估主要是根据我国网络文化的发展来进行。

复次，区分不同的培训对象。根据不同的受训对象，设计相应的培训方式和内容。对于网络文化从业者的培训，需要加强专业技能的培养，长期性的延伸教育，充实其基本理念和加强实务操作；对于网络文化管理者的培训，培训规模可以适当扩大，延长培训时间，利用互动机会提高学习效果。

最后，建立有效的网络文化队伍培训体系，还要有好的培训方式。如内训与外训，在岗培训与脱岗培训相结合，专题培训、业务培训、技术交流、行业研讨会等多种方式，都可以纳入整个网络文化队伍培训体系建设中。

第四节　投入保障

互联网是高新技术行业，发展新技术、应用新业务，需要雄厚的物质基础、较大的资金投入作保证。

一、加大资金投入力度

近年来，我国网络建设的财政资金大部分投到了公共互联网的基础设施硬件建设上，对重点新闻网站、专业文化类网站的资金投入较少。就重点新闻网站而言，目前的投入水平只能维持网站日常运转，难以满足技术升级、市场推广和高层人才引进的需要。有专家分析，中国的商业网站，远远落后于国外的商业网站，国内的新闻网站又远远落后于国内的商业网站，这"两个落后"的距离不是在缩小而是在拉大。造成这一现象的主要原因除专业技术人才缺乏外，更主要的还是资金投入不足，这已成为制约网络媒体应用新技术、新业务的一大"瓶颈"。因此，政府每年应拿出一定资金，加强对主要新闻单位所属网站和网络业务的投入，特别是加大对重点新闻网站、专业文化类网站的资金投入力度，支持重点网络媒体加快应用新技术、开发新业务，抓住网络升级的有利时机，在具有广阔前景的手机电视、网络电视、新一代互联网等领域，确保资金投入。同时，网络媒体要跟踪和适应互联网发展的趋势，把做大做强网络媒体作为一种抢占市场、为未来布局的战略投资项目加以培育和扶持。网络媒体自身不断要创新体制、机制，拓宽投融资渠道，吸引社会资本特别是国有资本以增强网站发展实力和创新力，满足网站在技术升级、市场推广和高层次人才引进等方面的需要。

二、建立稳定的投入保障机制

把网络文化建设和管理的资金投入纳入年度财政预算，列为宣传工作专项经费，确保专款专用。要通过专项申请、内部调剂等途径，对重大网络文化建设项目经费给予必要倾斜，努力争取从宣传文化专项资金、文化事业建设费等多渠道获得经费支持。积极探索与有关部门合作的途径和办法，解决因经费所限难以开展相关领域网络文化建设的问题。

另外，要研究制定具体措施，建立长期稳定的投入保障机制，保证资金投入的规范化。同时，坚持政府主导力、企业主体力、市场配置力"三力合一"的有效机制，确保所需经费逐年增加、足额落实，从根本上解决好投入少、投入难的问题。

三、提高资金使用效能

在资金的投入上，注重改进投资方式，根据新闻网站的定位和特点，有重点地资助一些网站开辟新业务，鼓励网站勇于创新，增强实力，积极提升办网理念，转变"内容为王"的思想，树立技术至上的观念。科学使用资金，着重在创新体制机制、文化内容、表达方式、互动形式上下功夫。着力在提高网站的整合力、集聚力、延伸力、辐射力、引导力、疏导力、反应力、化解力、互动力和运营力上见成效。确保把有限的资金集中起来使用，提高资金使用效率。

网络文化建设方面的经费总是有限的，而且目前相对不足的状况难以得到改变。应按照节约型社会的要求，遵循节约、高效的原则，坚持开源节流，提高资源使用效率，对现有的网络文化建设经费管好用好，力争少花钱多办事。要严格网络文化建设经费的使用管理，把资金用在最需要、最关键的地方。坚持统筹安排、精打细算，合理、节约、高效地使用资金，切实保证网络文化建设必要的经费支出，使有限的资金发挥最大的效能。

第五节　法律保障

网络文化的健康发展离不开法律的疏导，只有健全我国网络立法，运用法律手段防范和治理网络失范行为，才能够最大限度地限制网络给社会带来的负面效应，保障我国的网络文化向有利于弘扬社会正气和构建社会和谐的方向健康发展。

一、明确法律适用范围

在网络文化建设中，法律的运用总体表现在以下两个方面：

一是保障广大网民合法的言论自由权。对网民依法实行言论自由，利用网络表达或传播积极向上、内容健康的思想、言论或信息的，给予鼓励和支持。

二是防范网络技术的滥用。对那些滥用计算机网络来表达和传播暴力、色情、假新闻等不良思想、信息和言论的行为，以及侮辱、诽谤他人或侵犯他人知识产权等网络违法犯罪行为，予以坚决制止和打击。

二、采取有效的法律策略

随着互联网的快速发展，我国在规范互联网文化建设上的法律、法规不断得到补充和完善，起到了有效作用。但是当前互联网给社会带来的负面冲击不可忽视，需要紧跟互联网发展形势，进一步在落实和改进互联网政策、法规上下功夫，以应对日益突出的不健康网络内容对社会带来的诸多负面影响。

综观互联网对社会产生的负面影响当数网络色情、网络暴力最为严重。所谓网络暴力，是指网民在网上的暴力行为，是社会暴力在网上的延伸。其表现形式主要有：以道德的名义，恶意制裁、审判当事人并谋求网络问题的现实解决；通过网络追查并公布传播当事人的个人信息（隐私），煽动和纠集人群以暴力语言进行群体围攻；在现实生活中使当事人遭到严重伤害并对现实生活产生实质性的威胁。有网民这样总结"网络暴力"，以真假难辨的事实，行道德判断之标准；聚匿名不负责任之群众，曝普通人之隐私。网民强加到现实中的道德批判已经形成了暴民般的暴力实施。他们以道德的名义去声讨乃至惩罚"非道德"，却在事实上扮演了同样不道德的角色——侵犯他人隐私，对他人身心造成精神伤害和威胁，对他人生活造成重大影响。

不少网站，大到门户网站，小到专业网站，打开后，常会有裸露色情图片的窗口，或者以"很黄很暴力"为内容的社会新闻。诸多反道德、反传统、反伦理、反科学的现象、事件被置于网页的主要位置。有专业人士称，网站赖以生存的是点击率，点击率越高，广告等收入就越多，而性和暴力是增加点击率的主要法宝。针对像网络色情、网络暴力的网上违法行为，现有法规还不能很好地进行界定、规范，与时俱进地补充完善、制定健全相关法规十分重要。

在加强对包括《电子签名法》《互联网信息服务管理办法》《电子出版物出版管理规定》《互联网文化管理暂行规定》等在内的现有网络监管立法的执法工作，强化这些立法对网络运营商监管责任的规定，增强网络运营者的社会责任感，自觉履行好网络监管职责的同时，制定"网民文明上网法"，对宣传语言暴力、色情、虚假信息等网络不良行为进行明确规范；完善现有的法律法规，在刑法中增设"利用计算机网络发布、传播虚假信息罪""利用计算机网络发布、传播淫秽信息罪"等罪名，借助刑罚手段惩治有关网络失范行为。加大网络侵权行为的行政处罚力度及民事赔偿责任，使违法者惧于违法成本而自觉规范自己的行为；推行"电子警察制度"，开通并健全网络不良信息举报和控诉的网上渠道，提高网络监管部门对网络违法犯罪活动的发现和处置能力；推行网络实名制，利用实名制增强网民自我约束能力，实现对网络失范行为的制约。

三、正确运用法律手段

从根本上来说，网络文化建设应当以法律、制度建设为主，规范管理为辅，在强化政府服务职能的同时，正确运用法律手段，规范网络文化内容。比如，加强对官方网站上传稿件的审查力度和审稿速度，加强对网站 BBS 的监控与管理；对学校及社区网络终端的即时监控和屏蔽一些不良的网站等。这些法治化的管理不但不会阻碍互联网的发展，而且对互联网繁荣发展会起到根本性的保障作用。当然，法律、制度的监管不能简单地"一刀切"，乱打棍子，而是要切实做到依法有序，利用法律手段为互联网的良性发展保驾护航。

第六节　技术保障

网络文化是一种技术文化，网络文化的发展需要技术做支撑。要做到以先进文化引领网络文化，就必须不断创新技术手段，提高优秀网络文化的供给能力。

一、加强网络文化技术研究

在加强网络文化技术研究方面，应瞄准世界文化科技发展的战略前沿，加强数字技术、数字内容等核心技术的研发和应用，掌握自主知识产权，提高文化装备制造技术水平。进一步加大新一代网络、防火墙、电脑密码等重点领域的技术攻关和研究开发力度，着力构建政治、经济、文化等领域的过滤网站，通过研制和开发先进的防病毒传播和破坏计算机系统的软件技术，建造防火墙，启用分级过滤软件，对网上内容进行甄别，将危害国家安全、破坏社会稳定以及淫秽色情等有害信息的网站予以屏蔽、过滤。在抵御破坏性信息侵袭的同时，保证网络文化的优秀成果能更快地传输到各个相关领域。

增强计算机与网络产品研制能力。巩固现有整机制造及配套体系优势，提升产业整体水平，增强高端产品研发能力，培育国际知名品牌。重点支持高性能计算机、高端服务器的研制，积极开展下一代互联网技术和产品的研发生产，加快发展大容量存储产品。加快自主信息安全产品发展，加强关键芯片和软件的研发利用，重点发展网络保护安全管理、高速密码与安全传输、可信计算机与终端保护等关键产品。研发先进的计算机体系结构，设计开发具有自主知识产权的高性能通用CPU，研制千万亿次运算能力的高性能计算机系统，实现千万亿次运算能力的高性能计算机产业化。大力推进网络技术研发利用，建设基于网络的先进计算机平台基础设施，建成具有国际领先水平的先进计算机环境和信息平台，全面提升我国信息化能力。

在网络安全技术研究方面西方发达国家远远走在了我们的前面。对于高度依赖信息化、网络化装备的西方国家而言，大都建有十分专业的"黑客部队"。不仅如此，一些被认为极度落后的国家也拥有自己的"网军"，这些黑客技术先进，手段多样，让人防不胜防。

二、创新网络文化技术手段

加快建设中文域名服务器，开发集思想性、知识性、教育性、艺术性、娱乐性和易操作性于一体的宣传教育软件，占领网络文化前沿阵地，改进传播民族优秀文化的手段。大力推进互联网基础设施建设，在继续推进东部和城市建设的同时以西部地区和农村地区为重点，以卫星网、移动网、电视网等宽带业务为方向，通过多元化投资打破垄断，不断降低上网费用，提高上网速度。重点推进互联网信息内容安全核心技术的研究，不断提高网络文化建设和管理的质量。在这方面主要包括高速网络信息处理技术、协议还原技术、网络控制技术。

基于硬件级或者驱动级的高速网络处理技术是现代内容安全产品必不可少的一个部分。由于网络带宽的不断增加，内容安全产品必须能够处理10M、100M、1000M、2.5G等多种类型的网络带宽。仅利用软件方式进行网络数据处理无法满足在高带宽下的要求，必须利用底层的优化技术来应对高带宽的挑战。目前常见的处理技术包括：硬件优化（如Network Processor技术）、驱动优化（如Zero Copy技术）等方式。

协议还原技术是指对网络原始数据进行内容数据还原，从而获得用户应用层的数据，进行各种控制、审计动作。协议还原技术需要从最底层的网络原始数据开始，通过软件实现一个模拟的TCP/IP协议栈，将这些原始数据进行重组和解码，得到相关的网页访问内容，邮件内容等应用层信息。协议还原是内容安全的基础，只有通过进行快速、高效的协议还原才能将网络数据的控制和审计做到准确。例如，当要阻断某个网站时，内容安全软件需要从大量的网络数据流中发现对这个网站进行的HTTP访问，并且在第一时间进行阻断访问。

网络控制技术是指利用网络协议的特性，对色情、反动等站点访问的阻断手段。对于网关类型的产品来说，该技术没有太多的用途，因为其可以简单地通过不转发访问请求的方式来进行阻断。但是因为网关型产品的多种缺点，目前主流的高带宽网络安全产品都采用旁路式工作方式。在这种情况下，产品与网络是并联关系，所以需要采用一些特殊的控制手段来阻断。这些技术通常包括：MAC 地址欺骗技术、TCP 阻断技术、DNS 阻断技术、HTTP 欺骗技术等。在一些产品中甚至可以将用户对非法站点的访问欺骗到一个用户指定的网址上。

三、增进互联网组织间技术交流合作

互联网新技术是一个世界性的问题，加强合作、进行优势互补十分重要。要建设一个和谐的网络，营造出和谐的网络文化不是一个国家的力量能够完全解决的，只有加强国际合作，才能营造出真正意义上的和谐的网络文化。为此，应大力发挥互联网协会的作用，积极开展与各国政府及相关国际组织在互联网技术、标准规范、资源分配、网络接入、互联网治理等方面的交流与合作，建立有效的沟通协商机制。在地区间或国际广泛交流技术的开发与应用经验，研究制定相互协调的技术交流标准，相互学习，推广技术产品的应用等。整合政府、互联网业界、技术手段及用户的力量，来设立一些解决网络技术发展问题的规则，使国际性互联网技术交流规范化。

比如在互联网治理方面的全球合作，首先，体现在信息源上，如果一个国家以某种方式禁止别的国家的不良网站，而且该网站还存在，网民还会以别的方式进入并使之传播；其次，网络犯罪的国际性和无国界性，使得犯罪者不需要进入实施犯罪的国家也可以进行某种犯罪，打击这种犯罪，没有国际的相关机构和技术手段方面的合作是不行的。但是，世界各国法律、文化、习俗、观念等的差异以及政治和利益的驱使，又导致了合作的不便，这就需要国际多边和双边的协调与配合，这就是网络全球性特点带来的网络治理全球性协作。在互联网信息技术的研发应用上虽然存在技术保护的问题，但是也需要通过相互学习和必要的交流来促进新技术的研发、推广与应用。

当然，对于外来的网络技术和网络文化，我们应该以理性的态度对待，不能全盘否定，也不能不分好坏地全盘接受，要取其精华去其糟粕，真正实现让先进的文化和先进的技术为我所用，只有这样，才能促进我国互联网文化地快速健康发展。

参考文献

[1] 孙凯 . 浅议网络文化 [J]. 幸福生活指南 ,2020(12)：211.

[2] 陈诗涵，杨静，何牧 . 网络文化产业发展路径探究 [J]. 文化创新比较研究 ,2023(5)：139-142.

[3] 俸远 . 中国网络文化的发展研究 [J]. 新闻研究导刊 ,2020(23)：216-217.

[4] 高亚峰 . 网络文化的传播机制与舆情治理研究 [J]. 中国报业 ,2022(11)：46-47.

[5] 陈晨，党一邦 . 网络文化传播的特点与影响 [J]. 文化产业 ,2020(11)：73-74.

[6] 和晓娟 . 网络文化的育人功能研究 [J]. 青年与社会 ,2020(13)：159-160.

[7] 邵燕君 . 网络文学的"新语法"[M]. 福州：海峡文艺出版社 ,2020.

[8] 王爽著 . 互联网与文化生产、推广和消费研究 [M]. 济南：山东人民出版社 ,2020.

[9] 夏倩芳 . 中国网络传播研究：互联网的历史分析 [M]. 北京：中国传媒大学出版社有限责任公司 ,2021.

[10] 曾维新 . 中国网络文化产业政府补助研究 [M]. 北京：知识产权出版社 ,2021.

[11] 王欢妮 . 新媒体与公众文化创造力 [M]. 北京：商务印书馆 ,2022.

[12] 王瑞 . 全媒体时代网络编辑与文化传播研究 [M]. 北京：知识产权出版社 ,2021.

[13] 朱超军著 . 网络安全与网络行为研究 [M]. 北京：北京理工大学出版社 , 2019.

[14] 孔红 . 加强网络文化建设和管理探究 [J]. 烟台职业学院学报 ,2020(3)：15-18.

[15] 焦艳娜 . 以创新精神加强网络文化建设和管理 [J]. 记者摇篮 ,2022(9)：48-50.

[16] 王洁松，刘群鑫 . 论高校网络文化建设的时代意义 [J]. 学校党建与思想教育 ,2019(6)：24-26.

[17] 王海 . 高校网络文化建设工作探索 [J]. 产业与科技论坛 ,2020(6)：269-270.

[18] 宋协娜，刘煜昊，董云峰 . 文化自信与网络文化惠民工程 [M]. 北京：知识产权出版社 ,2018.

[19] 徐少华 . 网络文化管理的要素分析与运行机制 [J]. 湖南大学学报 (社会科学版),2021(3)：155-160.

[20] 牛成钊 . "互联网 +"时代网络信息安全探析与对策研究 [J]. 中国新通信 ,2020(13)：145.

[21] 范无为 . 我国网络文化管理中存在的问题及对策研究 [J]. 科教导刊 ,2020(2)：166-167.